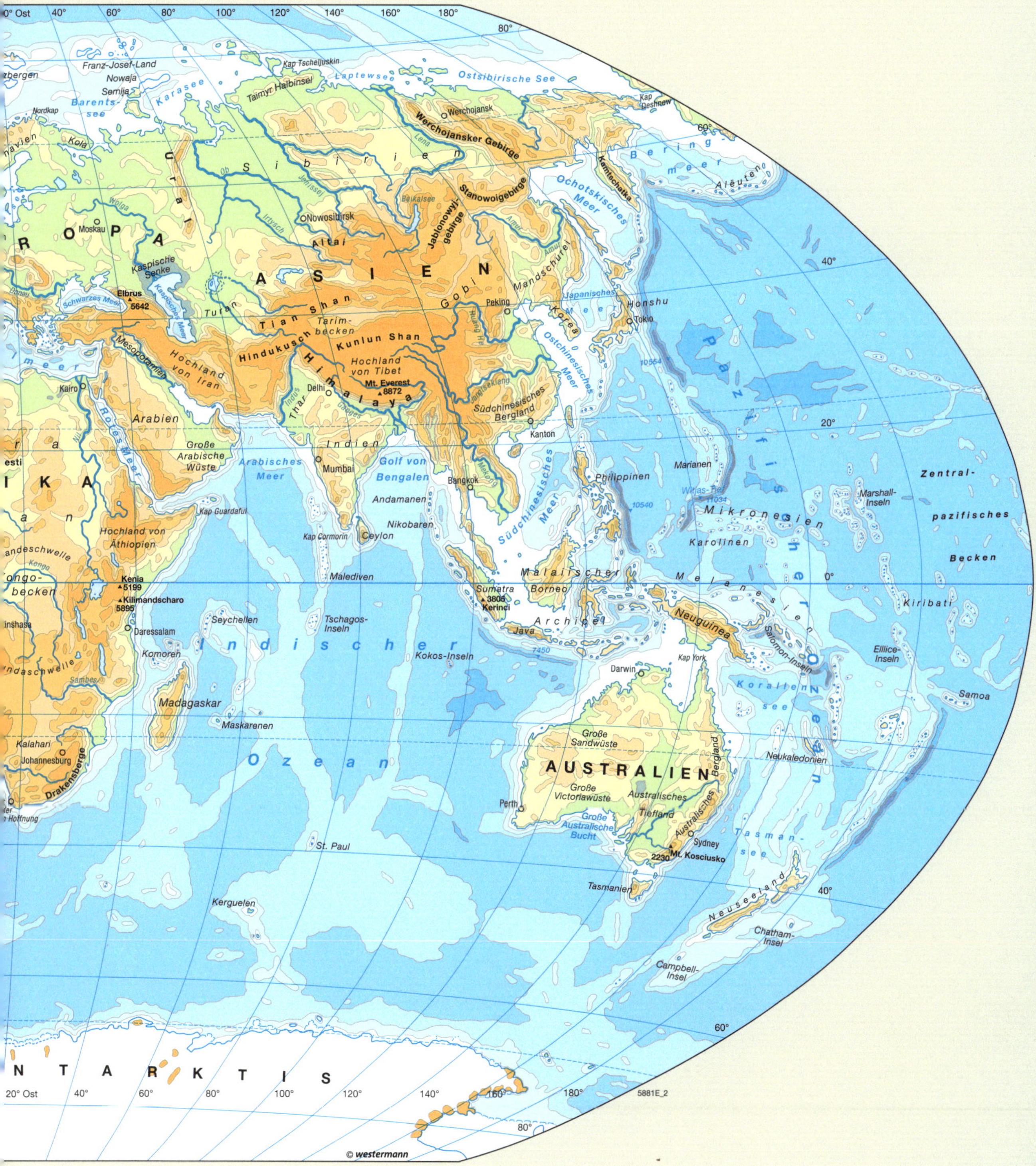

40°
60°
80°
100°
120°
140°
160°
180°
Franz-Josef-Land
Nowaja
Semlja
Barents-
see
Nordkap
Karasee
Kap Tscheljuskin
Taimyr Halbinsel
Laptewsee
Ostsibirische See
Werchojansk
Werchojansker Gebirge
Kap
Deshnew
Kola
Ural
S i b i r i e n
Ob
Jenissei
Lena
Bering-
meer
Aleuten
Kamtschatka
Ochotskisches
Meer
Stanowoigebirge
Baikalsee
Jablonowyj-
gebirge
Amur
Moskau
Wolga
R O P A
Kaspische
Senke
Nowosibirsk
Irtysch
Altai
A S I E N
Mandschurei
Schwarzes Meer
Elbrus
5642
Turan
Tian Shan
Tarim-
becken
Gobi
Peking
Japanisches
Meer
Korea
Honshu
Tokio
Hochland
von Iran
Mesopotamien
Hindukusch
Kunlun Shan
Hochland
von Tibet
Mt. Everest
8872
Himalaya
Huang He
Ostchinesisches
Meer
Pazifischer Ozean
10554
Kairo
Delhi
Indus
Thar
Ganges
Jangtsekiang
Südchinesisches
Bergland
Kanton
20°
Arabien
Rotes Meer
Nil
Große
Arabische
Wüste
Indien
Mumbai
Arabisches
Meer
Golf von
Bengalen
Bangkok
Mekong
Südchinesisches
Meer
Philippinen
10540
Marianen
Witjas-Tief
11034
Mikronesien
Marshall-
Inseln
Zentral-
pazifisches
Becken
Kap Guardafui
Hochland von
Äthiopien
Andamanen
Nikobaren
Kap Comorin
Ceylon
Karolinen
Malediven
Kenia
5199
Kilimandscharo
5895
Sumatra
3805
Kerinci
Borneo
Malaiischer Archipel
Melanesien
Kiribati
0°
Kongo
Kongo-
becken
Seychellen
Daressalam
Tschagos-
Inseln
Java
7450
Neuguinea
Salomon-Inseln
Ellice-
Inseln
Indischer
Komoren
Kokos-Inseln
Darwin
Kap York
Sambesi
Madagaskar
Maskarenen
Korallen-
see
Samoa
Große
Sandwüste
Kalahari
Johannesburg
Drakensberge
Ozean
AUSTRALIEN
Bergland
Neukaledonien
Große
Victoriawüste
Australisches
Tiefland
Perth
Große
Australische
Bucht
Australische
Sydney
2230
Mt. Kosciusko
Tasman-
see
St. Paul
Tasmanien
40°
Kerguelen
Neuseeland
Chatham-
Insel
Campbell-
Insel
60°
N T A R K T I S
20° Ost
80°
5881E_2
© westermann

Heimat und Welt Geographie

für Sachsen-Anhalt

Schuljahrgang 7
Sekundarschule

Moderatorinnen
Notburga Protze
Margit Colditz

Autorinnen/Beraterinnen
Margit Colditz
Evelyn Dieckmann
Heike Köppe
Anne-Kathrin Lindau
Notburga Protze
Ines Schmidt
unter Mitwirkung
der Verlagsredaktion

Einbandfoto: Kapstadt/Südafrika

Das ist im Buch enthalten

Geofix begleitet dich bei der Kompetenzentwicklung.

Hier erhältst du Hinweise, wie du schrittweise Erkenntnisse gewinnen kannst.

Hier erhältst du Zusatzinformationen und Begriffserläuterungen.

Mittelgebirge

Fachbegriffe sind im Text blau hervorgehoben. Sie werden im Minilexikon erklärt.

www

Unter diesen Internetadressen findest du zusätzliche Informationen.

Hier wirst du auf fächerübergreifendes Arbeiten hingewiesen.

Hier kannst du dein Wissen und deine Kompetenzen überprüfen.

Im Arbeitsheft kannst du üben, wiederholen und anwenden.

© 2010 Bildungshaus Schulbuchverlage Westermann Schroedel Diesterweg Schöningh Winklers GmbH, Georg-Westermann-Allee 66, 38104 Braunschweig
www.westermann.de

Druck A[10] / Jahr 2023
Alle Drucke der Serie A sind im Unterricht parallel verwendbar.

Lektorat: Thomas Eck
Bildredaktion: Susanne Guse
Layout und Herstellung: Yvonne Behnke
Druck und Bindung: Westermann Druck GmbH, Georg-Westermann-Allee 66, 38104 Braunschweig

ISBN 978-3-14-144587-9

Inhaltsverzeichnis

Natur- und Lebensräume analysieren 6

Trocken- und Konfliktraum Orient 22

Inhaltsverzeichnis

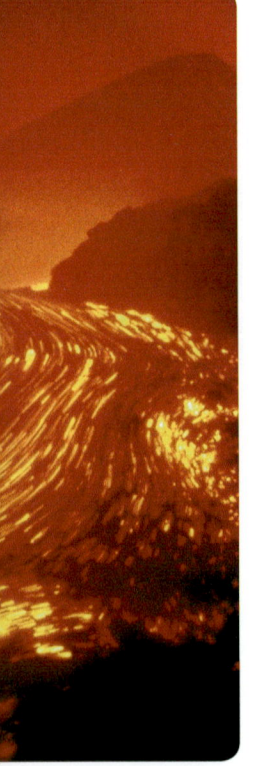

Anhang   126

Das ist im Buch enthalten:

Geofix begleitet dich bei der Kompetenzentwicklung.

Hier erhältst du Hinweise, wie du schrittweise Erkenntnisse gewinnen kannst.

Hier erhältst du Zusatzinformationen und Begriffserläuterungen.

Mittelgebirge   Fachbegriffe sind im Text blau hervorgehoben.

www   Unter diesen Internetadressen findest du zusätzliche Informationen.

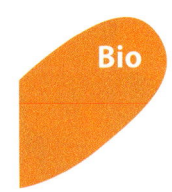

Hier wirst du auf fächerübergreifendes Arbeiten hingewiesen.

Hier kannst du dein Wissen und deine Kompetenzen überprüfen.

Im Arbeitsheft kannst du üben, wiederholen und anwenden.

Am Ende dieses Kapitels kannst du:

- die Erde nach unterschiedlichen Gesichtspunkten gliedern,
- das vielfältige Leben und Wirtschaften der Menschen auf der Erde beschreiben,
- die Lage von geographischen Objekten mithilfe des Gradnetzes beschreiben,
- Klimadiagramme lesen und vergleichen.

M1 Orient – Lebensraum im Wandel

Die Erde – ein Überblick

Was denn, so viele Zonen und Linien?

Du weißt bereits, dass die Erde vielgestaltig ist. Dies betrifft die Natur ebenso wie das Leben und Wirtschaften der Menschen. Um diese Vielfalt überschauen zu können, teilen wir die Erde nach verschiedenen Gesichtspunkten ein. Du kennst schon die Gliederungen der Natur nach Kontinenten und Ozeanen, Gebirgen und Tiefländern sowie nach Klima- und Vegetationszonen.

Aber auch das Wirtschaften der Menschen lässt Einteilungen zu, zum Beispiel die in Industrie-, Landwirtschafts- oder Tourismusgebiete.

In diesem Schuljahr wirst du weitere Gliederungen kennenlernen. Mit ihrer Hilfe wirst du dich noch besser auf der Erde orientieren und Zusammenhänge verstehen können (M1).

Im Netz gefangen

Das Gradnetz der Erde → Seite 12/13

Auf den Winkel kommt es an

Beleuchtungszonen → Seite 15

Landschaftszonen

ä h n l i c h e

Böden · Vegetation · Klimabedingungen · Nutzung

Landschaftszone

→ Minilexikon

Zur selben Zeit auf der Erde

Zeitzonen → Seite 14

Gürtelförmig um die Erde

Klima- und Vegetationszonen → Seite 16/17

M1 Verschiedene Gliederungen der Erde

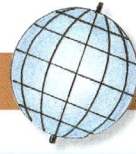

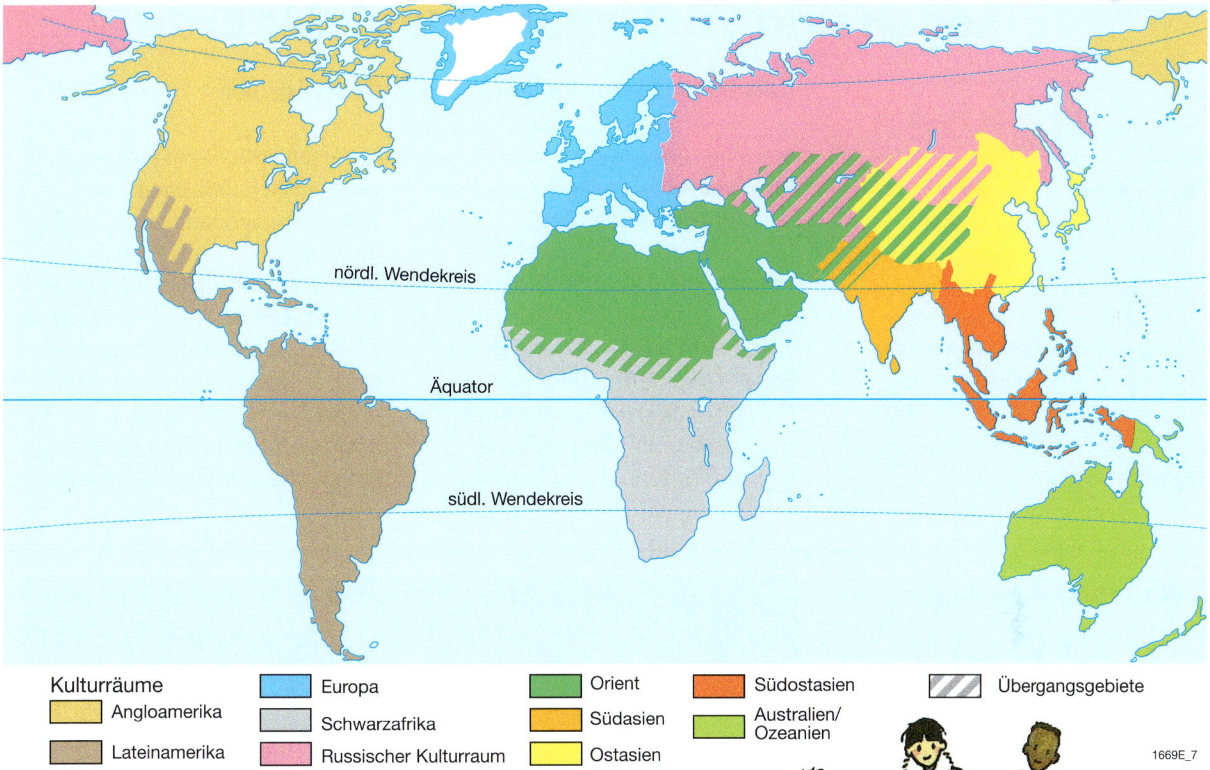
nördl. Wendekreis
Äquator
südl. Wendekreis
Kulturräume
Angloamerika
Lateinamerika
Europa
Schwarzafrika
Russischer Kulturraum
Orient
Südasien
Ostasien
Südostasien
Australien/ Ozeanien
Übergangsgebiete
1669E_7

M2 Kulturräume der Erde

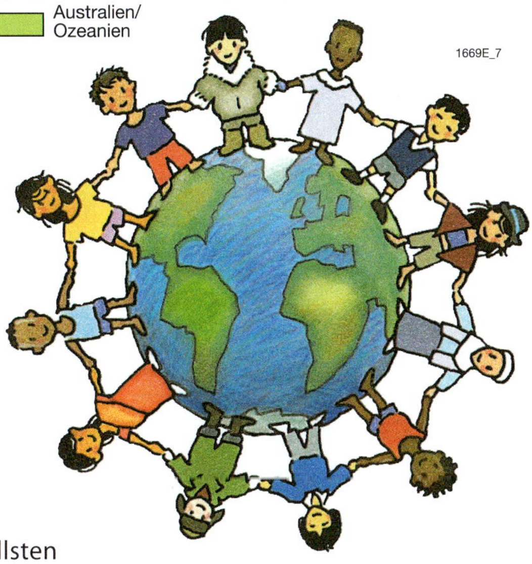

Ein anderer Blick auf die Erde

Bei Reisen um die Erde begegnest du verschiedenen Kulturen. Diese Vielfalt wird zu größeren Einheiten, zu Kulturräumen, zusammengefasst. Sie weisen gleiche oder ähnliche Merkmale auf. Dazu gehören zum Beispiel: Religion, Sprache und Schrift, Kleidung und Behausungen, Sitten und Gebräuche sowie die Wirtschaftsformen. Ihre Grenzen sind fließend und verlaufen häufig durch Kontinente und Länder (M2).

Unter den genannten Merkmalen spielt die vorherrschende Religion eine entscheidende Rolle. Sie zeigt sich unter anderem in der Form und der Ausstattung der Gotteshäuser, wie Kirchen oder Moscheen. Diese Bauten gehören zu den prachtvollsten des jeweiligen Ortes. Die Grenzen der Kulturräume verlaufen fließend. Deshalb sind in M2 Übergangsgebiete ausgewiesen.

Aufgaben

1 **Vergleiche die Einteilung der Erde in Kontinente mit der nach Kulturräumen.**

2 **Beschreibe die Lage des Orients.**

Arbeitsheft

Leben und Wirtschaften auf der Erde

Leben in unterschiedlichen Kulturräumen

Manche Lebensgewohnheiten von Menschen aus anderen Ländern sind für uns ungewöhnlich. Dabei lässt sich die Lebens- und Wirtschaftsweise dieser Menschen oftmals aus der Kenntnis der kulturellen Merkmale und natürlichen Gegebenheiten ihrer Heimat verstehen. In regenreichen oder trockenen, warmen oder kalten Gebieten der Erde leben und wirtschaften die Völker sehr unterschiedlich und kleiden sich auch anders. So bauen zum Beispiel die Völker Schwarzafrikas aufgrund der tropischen Bedingungen ganz andere Früchte an als wir. In Südasien wird das Leben im starken Maß durch jahreszeitlich wechselnde Luftmassen sowie durch den Hinduismus und Islam geprägt. Im Orient dominieren das trockene Klima und der Islam.

Aufgaben

1 Ordne die fünf Beispiele Kulturrräumen zu (S. 9, M2).

2 Vergleiche das Leben der Menschen miteinander. Belege anhand eines Beispiels folgende Aussage: Das Leben auf der Erde wird sowohl durch natürliche als auch durch kulturelle Merkmale geprägt.

Arbeitsheft

Wir leben in Kanada

Unsere Heimatstadt ist Vancouver. Sie liegt an der Pazifikküste und ist eine der schönsten Städte der Welt. In der Freizeit segeln wir und fahren Wasserski. Im Winter lieben wir besonders Snowboarden in den verschneiten Rocky Mountains. Wir tragen in unserer High School eine Schuluniform. Pete lernt die deutsche Sprache, sein Bruder gewann bei den Olympischen Spielen 2010 eine Goldmedaille.

Ich lebe in Bolivien

Wir Aymaras sind die Nachfahren der indianischen Ureinwohner Lateinamerikas. Mit einfachen Mitteln bestellen wir unsere kargen Felder im Hochland der Anden. Die Kleinbauern helfen sich beim Kartoffellegen. Die Erträge an Kartoffeln und Mais reichen aber nicht, um unsere Familien zu ernähren. Unsere Väter arbeiten deshalb häufig auf den Feldern der Großgrundbesitzer oder in der Stadt.

Wir leben in Sibirien

Wir Brüder sind in Jakutsk am Fluss Lena zu Hause. Unser Vater arbeitet in den Wäldern der Taiga. Da durch die langen, kalten Winter das Holz langsam wächst, ist es sehr hart. Unser Bruder Pjotr hat Forstwirtschaft studiert und setzt sich für die Aufforstung ein. Unsere Familie ist sehr gläubig. Wir gehen regelmäßig in unsere russisch-orthodoxe Kirche.

Ich lebe auf der Insel Bali

Meine Heimat ist das Land Indonesien. Auf den Tausenden Inseln leben viele verschiedene Völker. Bali ist eine sehr schöne Insel mit Bergen, Sandstränden und tropischem Klima. Meine Familie lebt vom Reisanbau. Mit anderen Bauern arbeiten wir das ganze Jahr über auf unseren Terrassenfeldern. Damit der Reis gut wächst, ist Bewässerung ganz wichtig. An kleinen Hindu-Tempeln legen wir täglich Gaben für die Götter nieder.

Ich lebe im australischen Outback

Mein Name ist Goona-gulla, das bedeutet Himmel. Ich bin eine Aborigine, eine Ureinwohnerin. Mein Stamm wohnt im trockenen Zentrum des Kontinents. Der Uluru ist unser heiliger Berg, ihr Weißen nennt ihn Ayers Rock. Jährlich kommen viele Touristen hierher. Wir sehen es gar nicht gern, wenn sie ihn besteigen. Mein Vater arbeitet als Naturpark-Ranger und berichtet gern über unsere Kultur.

Orientierung mithilfe des Gradnetzes

> Mein Kopf – im Netz gefangen.

Ein Netz von Linien um die Erde

Das Gradnetz ist ein gedachtes Netz von Linien, die um die Erde verlaufen. Mit seiner Hilfe kann die Lage eines Ortes genau bestimmt werden.

Es dient aber auch der Orientierung auf Karten. Die Zählung dieser Linien erfolgt in Grad, daher die Bezeichnung Gradnetz. Es besteht aus Längen- und Breitenkreisen.

M1 Das Gradnetz

Breitenkreise	Längenkreise
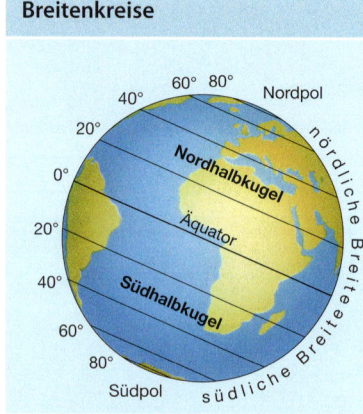	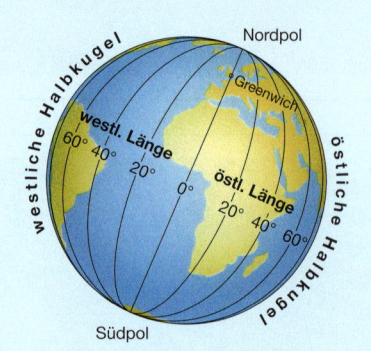
■ verlaufen parallel zueinander	■ verlaufen über beide Pole
■ sind unterschiedlich lang, der längste ist der Äquator (40 076 Kilometer)	■ halbe Längenkreise (vom Nord- zum Südpol) heißen Meridiane
■ 90 Breitenkreise vom Äquator in nördliche und südliche Richtung	■ sind gleich lang
■ haben immer den gleichen Abstand (111 Kilometer)	■ 180 Meridiane vom Nullmeridian in östliche und westliche Richtung
	■ unterschiedliche Abstände
	■ der 180. Meridian bildet die Datumsgrenze (S. 14)

Lage und Ortsbestimmung

Eine genaue Ortsangabe mithilfe des Gradnetzes ist besonders wichtig in der See-, Luft- und Raumfahrt und in dünn besiedelten Räumen. So können zum Beispiel Menschen in Not ihre genaue Position durchgeben und Hilfe anfordern.

Die Lage eines jeden Ortes der Erde kann durch Angabe seiner geographischen Breite (n. Br./ s. Br. oder N/S) und Länge (w. L./ ö. L. oder W/O) ermittelt werden.

Um Räume nicht durch zu viele Linien zu überdecken, enthalten Globen und Karten nicht alle Breiten- und Längenkreise. Deshalb solltest du beim Lagebestimmen immer ein Lineal zu Hilfe nehmen.
Du musst die Koordinaten angeben, die sich über dem Ort kreuzen. Die Stadt Durban zum Beispiel liegt ziemlich genau am Kreuzungspunkt des 30. Breitenkreises Süd und des 30. Längenhalbkreises Ost.

Aufgaben

1 Erläutere die Bedeutung des Gradnetzes.

2 Beschreibe die Linien, aus denen das Gradnetz besteht.

3 Nimm Lagebeschreibungen vor:
a) Nenne drei Länder, durch die der 40. Breitenkreis n. Br. verläuft. Nutze dazu die Atlaskarte „Erde – Staaten".
b) Ermittle den Meridian, der entlang des Uralgebirges verläuft.
c) Ermittle die geographische Lage der Städte Moskau und Peking.
d) Ermittle, welcher Ort auf 6° s. Br. und 106° ö. L. liegt.

Arbeitsheft

Mathe

Geocaching

Geocaching – genaue Lagebeschreibung

So gehst du vor

1. Julia wählt zuerst ein Gebiet aus, in dem sie auf Verstecksuche gehen möchte. Dann loggt sie sich auf der Internetseite mit ihrem Nicknamen (Name, den ein Nutzer im Internet benutzt) und ihrem Passwort ein. Auf einer Karte wählt sie ein Versteck und lädt sich die genauen Koordinaten, also die geographische Länge und Breite eines neuen Caches, auf ihr GPS-Gerät (M2).

2. Die Position des Verstecks wird nicht nur in Grad, sondern sogar minuten- und sekundengenau angegeben. So kommt Julia auf wenige Meter an das gesuchte Versteck heran. Manchmal muss sie zuerst ein Rätsel lösen, um an die Koordinaten zu gelangen. Es kommt auch vor, dass derjenige, der den Cache gelegt hat, Informationen wie Bilder oder Texte als Hinweis gibt. Diesmal findet Julia eine Plastikdose in einem Baumloch (M3).

3. In der gefundenen Dose befindet sich ein sogenanntes „Logbuch", in das sie dann ihren Nicknamen und das Datum einträgt. Danach legt sie die Dose wieder gut verschlossen für den nächsten „Geocacher" zurück in das Versteck.

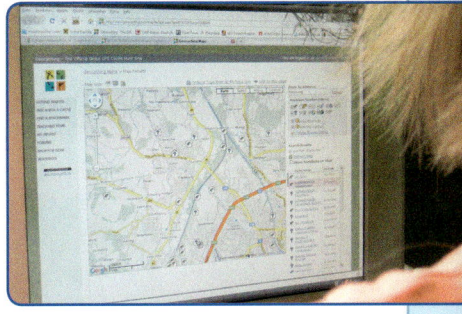

M2 Julia wählt im Internet einen Geocache

www. geocaching.de

Info

Geocaching

„Geocaching" bedeutet übersetzt „Versteck auf der Erde". Es ist ein Spiel, bei dem man ein Versteck (cache) mithilfe eines GPS-Empfängers finden oder anlegen kann. Die notwendigen Informationen über Verstecke und deren geographische Länge sowie Breite erhält man auf speziellen Internetseiten.

Aufgaben

4 **Informiere dich im Internet über das Spiel „Geocaching". Wähle im Internet (www. geocaching.de) ein Versteck in deiner Nähe aus und versuche, es zu finden.**

5 **Erstelle einen „Cache". Verstecke ihn und veröffentliche die Koordinaten unter www.geocaching.de.**

M3 Mithilfe des GPS-Empfängers im Handy hat Julia den Geocache gefunden

Gliederungen der Erde

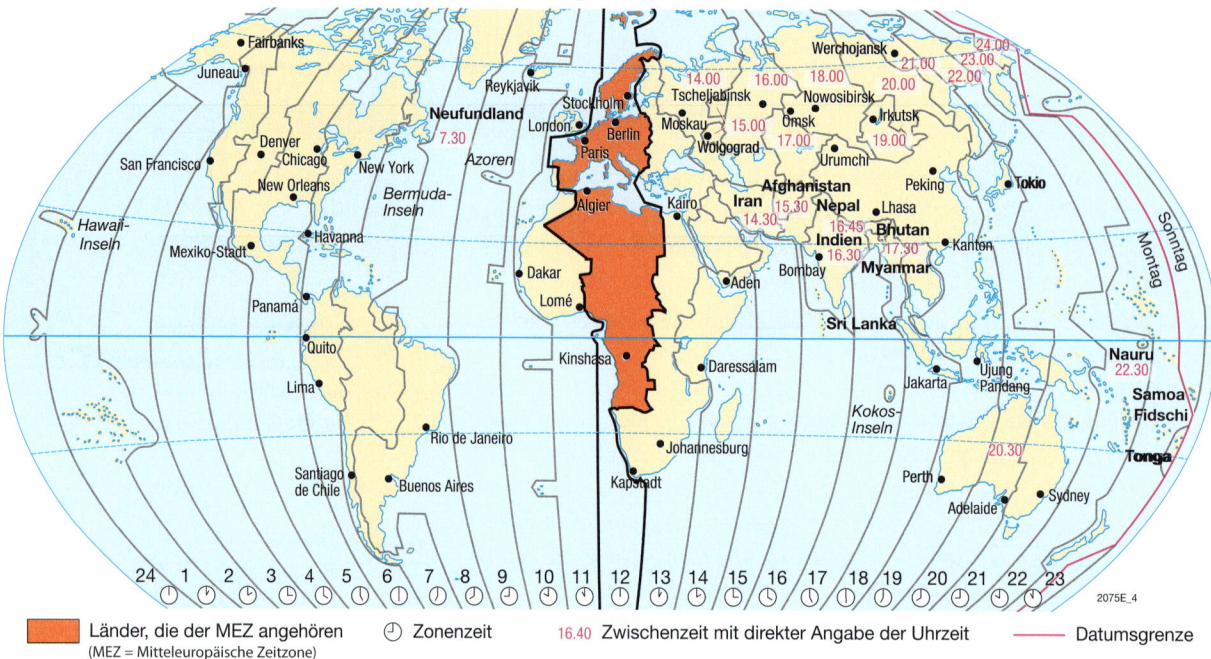

M1 Die 24 Zeitzonen der Erde (schematisch)

Legende:
- Länder, die der MEZ angehören (MEZ = Mitteleuropäische Zeitzone)
- 🕐 Zonenzeit
- 16.40 Zwischenzeit mit direkter Angabe der Uhrzeit
- ─── Datumsgrenze

---

www.zeitzonen.de

Aufgabe

1 Erkläre, weshalb Japan als „das Land der aufgehenden Sonne" bezeichnet wird.

M2 Die Weltzeituhr auf dem Alexanderplatz in Berlin

Unterschiedliche Zeiten auf der Erde

Wenn die Kinder in Deutschland aus der Schule nach Hause gehen, legen sich die Kinder in Japan bereits schlafen und die in den USA stehen gerade erst auf. Als während der Olympischen Winterspiele 2010 in Vancouver/Kanada in den frühen Nachmittagsstunden Sportwettkämpfe stattfanden, mussten wir, um live am Fernsehapparat dabei gewesen zu sein, lange wach bleiben. Warum ist das so?

Du weißt bereits, dass sich die Erde in 24 Stunden einmal um ihre eigene Achse dreht. Dabei erreicht die Sonne über jedem Meridian einmal ihren höchsten Stand. Bei einer vollen Umdrehung der Erde werden demnach alle 360 Meridiane überschritten. In 60 Minuten sind dies 15 Meridiane. Jeder Ort der Erde hat somit seine eigene Zeit. Die Erde wird in 24 Zeitzonen untergliedert.

Info

Achtung Datumsgrenze

Die Datumsgrenze verläuft entlang des 180. Längenhalbkreises durch den Pazifischen Ozean. Überquert man diese Linie von West nach Ost, muss das Datum noch einen Tag beibehalten werden. Im umgekehrter Richtung wird die Uhr um 24 Stunden vorgestellt und damit ein Tag im Kalender übersprungen. Bei einer Kreuzfahrt durch die Inselwelt Mikronesiens kann es passieren, dass man auf einer „Insel des bereits vergangenen Tages" landet.

Beleuchtung der Erde

Die Sonnenstrahlen erwärmen die Oberfläche der Erde. Jedoch erhält nicht jeder Ort zu jeder Zeit die gleiche Energiemenge.

Ursachen dafür sind die Kugelgestalt der Erde, ihre Drehbewegungen und die Neigung der Erdachse: Der Einfallswinkel der Sonnenstrahlen nimmt vom Äquator zu den Polen hin ab. Dadurch entstehen die drei Beleuchtungszonen.

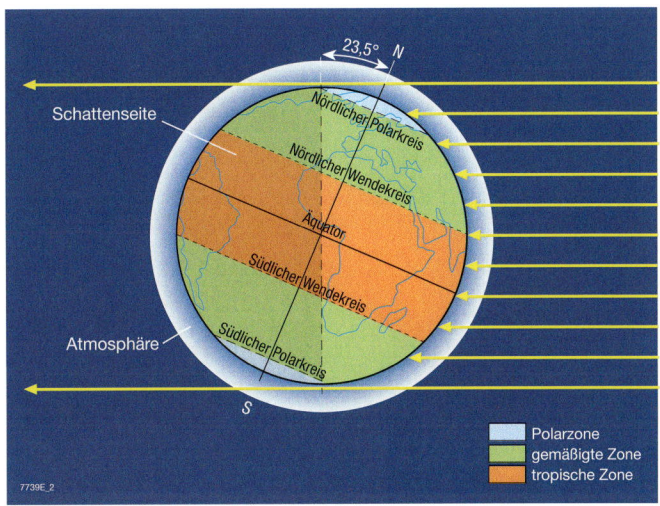

M3 Beleuchtungszonen

Die Polarzone

Die Polarzone erstreckt sich jeweils zwischen 66,5 ° nördlicher bzw. südlicher Breite und den beiden Polen. In ihnen herrschen aufgrund des geringen Einfallswinkels der Sonnenstrahlen sehr niedrige Temperaturen. Hier treten Polartag und Polarnacht auf, die an den Polen ein halbes Jahr andauern. Der Niederschlag fällt zumeist als Schnee, der über viele Jahrtausende zur Gletscherbildung führte.

Am nördlichen Polarkreis

Die gemäßigte Zone

Diese breitet sich auf beiden Halbkugeln zwischen 40° bis 66,5° nördlicher bzw. südlicher Breite aus. In den gemäßigten Zonen gibt es ausgeprägte Jahreszeiten. Mit zunehmender Entfernung von den Wendekreisen werden die Sommer kürzer und kühler und die Winter länger und kälter.

In Sachsen-Anhalt

Die tropische Zone

Die tropische Zone (Tropen) erstreckt sich beiderseits des Äquators zwischen den Wendekreisen. Durch die intensive Sonneneinstrahlung herrschen ganzjährig hohe Temperaturen. Hier gibt es keine Jahreszeiten, dafür aber sehr große Temperaturunterschiede zwischen Tag und Nacht. Am Äquator fallen durch die hohe Verdunstung täglich gewittrige Niederschläge. Sie nehmen in Richtung der Wendekreise ab.

Am Äquator

Aufgabe

2 **Beschreibe die Bestrahlung der Erde durch die Sonne (Einfallswinkel der Sonnenstrahlen, Unterschiede in der Erwärmung).**

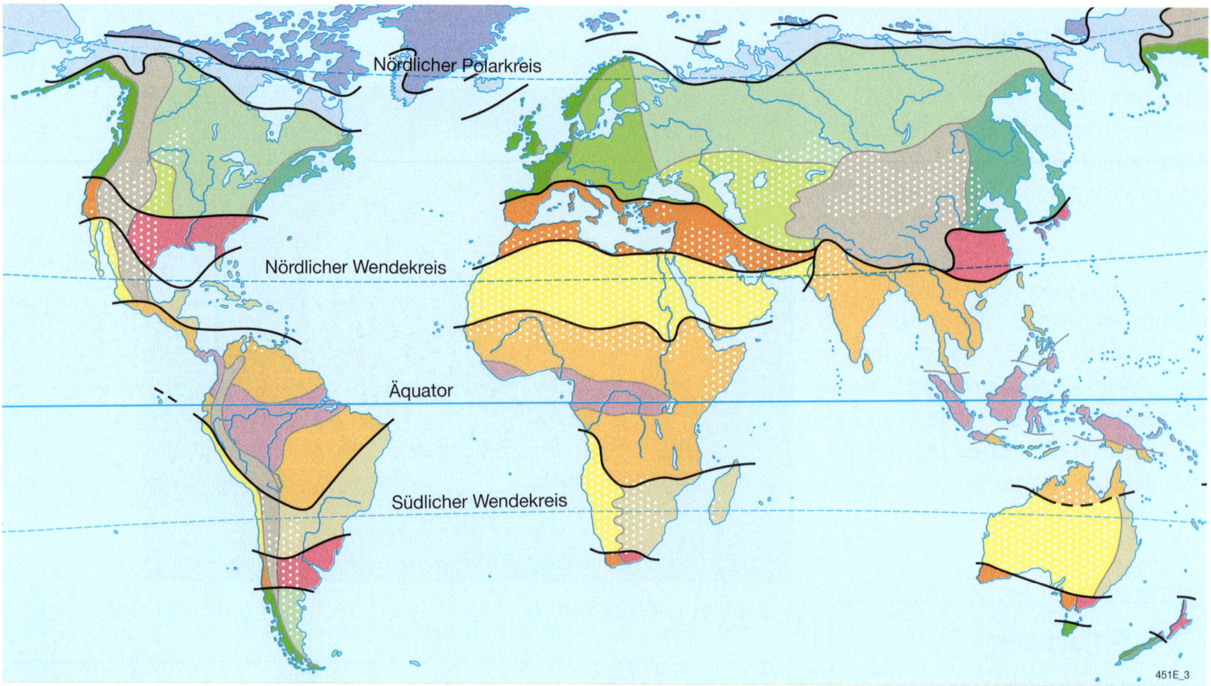

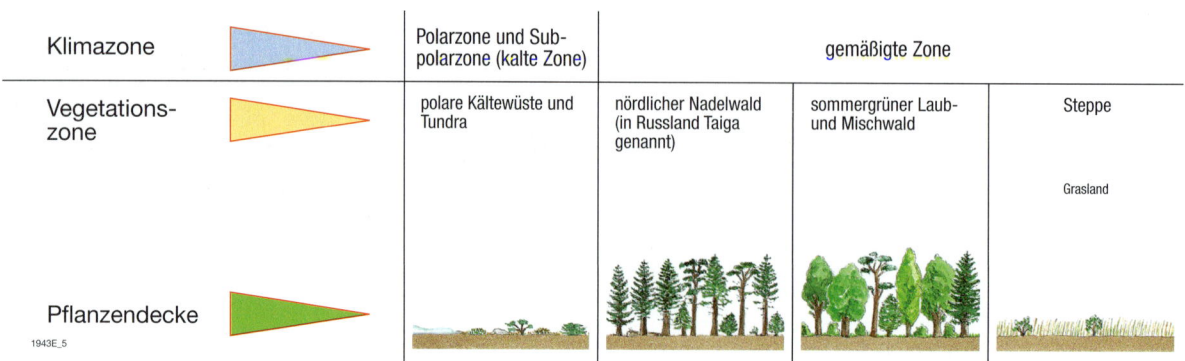

Nördlicher Polarkreis

Nördlicher Wendekreis

Äquator

Südlicher Wendekreis

451E_3

I polare Klimazone
- Polarklima

II subpolare Klimazone
- subpolares Klima

III gemäßigte Klimazone
- 1 ozeanisches Klima

- 2 Übergangsklima
- 3 kühles Kontinentalklima
- 4 sommerheißes Kontinentalklima
- 5 Ostseitenklima

IV subtropische Klimazone
- 1 Winterregenklima der Westseiten

- 2 subtropisches Ostseitenklima

V Passatklimazone
- 1 trockenes Passatklima
- 2 feuchtes Passatklima, stark beregnete Außenseiten, trockenere Binnenländer

- Trockengebiete

VI Zone des tropischen Wechselklimas
- tropisches Wechselklima

VII Zone des Äquatorialklimas
- Äquatorialklima

VIII Klimate der Hochgebirge
- Hochgebirgsklima

M1 Die Klimazonen der Erde (nach Neef)

Aufgaben

1 Zeige Zusammenhänge zwischen Klima und Vegetation auf.
2 Begründe die gürtelartige Anordnung der Klima- und Vegetationszonen.

Arbeitsheft

Gürtelartig um die Erde – Klimazonen

Klimazonen ziehen sich fast breitenparallel um die Erde. Entscheidenden Einfluss auf ihre Ausdehnung und Begrenzung haben die unregelmäßige Verteilung von Land und Meer, der Verlauf kalter und warmer Meeresströmungen, vorherrschende Windrichtungen, aber auch die Lage verschiedener Gebirge und Tiefländer sowie ihre unterschiedlichen Höhenlagen.

Klimazone 	Polarzone und Subpolarzone (kalte Zone)	gemäßigte Zone		
Vegetationszone	polare Kältewüste und Tundra	nördlicher Nadelwald (in Russland Taiga genannt)	sommergrüner Laub- und Mischwald	Steppe
				Grasland
Pflanzendecke				

1943E_5

M2 Das Klima beeinflusst die Pflanzendecke

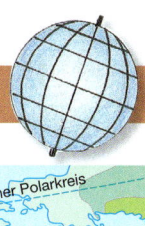

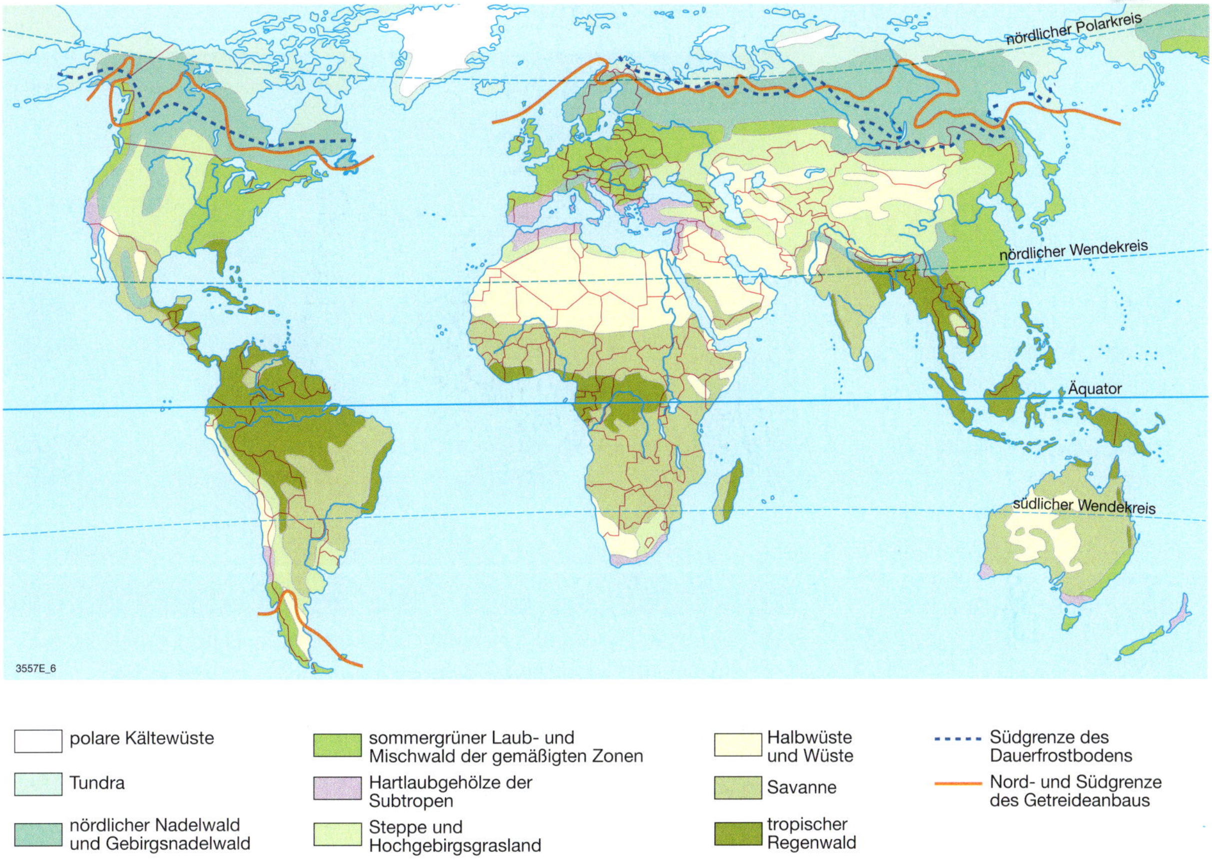
nördlicher Polarkreis
nördlicher Wendekreis
Äquator
südlicher Wendekreis
3557E_6
polare Kältewüste
Tundra
nördlicher Nadelwald und Gebirgsnadelwald
sommergrüner Laub- und Mischwald der gemäßigten Zonen
Hartlaubgehölze der Subtropen
Steppe und Hochgebirgsgrasland
Halbwüste und Wüste
Savanne
tropischer Regenwald
Südgrenze des Dauerfrostbodens
Nord- und Südgrenze des Getreideanbaus

M3 Vegetationszonen der Erde (Auswahl)

Gürtelartig um die Erde – Vegetationszonen

Die Anordnung der Klima- und Vegetationszonen auf der Erde lässt viele Ähnlichkeiten erkennen. Die Pflanzen haben sich in Abhängigkeit von Temperaturen und Niederschlägen, den Böden, Gewässern und dem Relief im Laufe von Jahrhunderten dem dortigen Klima angepasst. Der Mensch hat bis heute die natürliche Vegetation stark verändert. Aus Naturlandschaften wurden Kulturlandschaften.

Info

Kulturlandschaft

Sie ist durch menschliche Aktivitäten, das heißt geringe, kaum ersichtliche oder extreme Eingriffe in die Natur, gekennzeichnet.

Bio

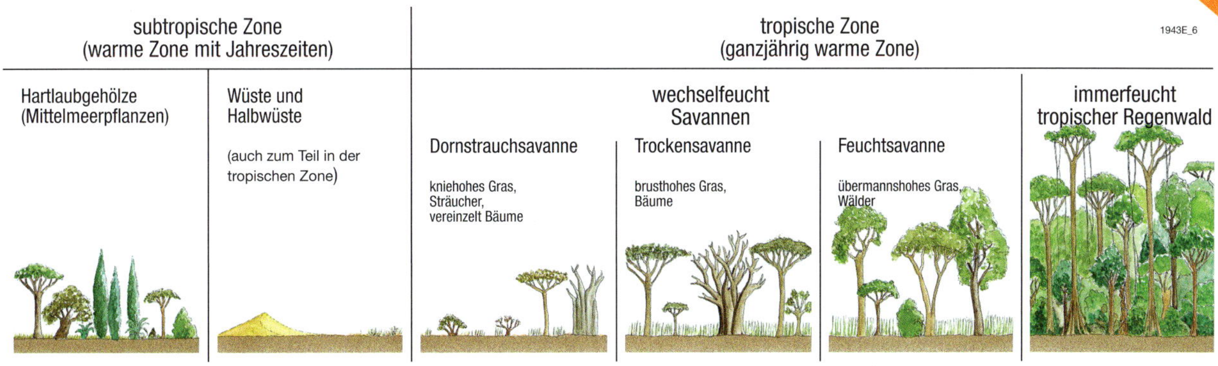
subtropische Zone
(warme Zone mit Jahreszeiten)
tropische Zone
(ganzjährig warme Zone)
1943E_6
Hartlaubgehölze
(Mittelmeerpflanzen)
Wüste und
Halbwüste
(auch zum Teil in der tropischen Zone)
wechselfeucht
Savannen
Dornstrauchsavanne
kniehohes Gras, Sträucher, vereinzelt Bäume
Trockensavanne
brusthohes Gras, Bäume
Feuchtsavanne
übermannshohes Gras, Wälder
immerfeucht
tropischer Regenwald

M1 Wettersatelliten umkreisen die Erde. Mithilfe der Daten, die sie liefern, können jetzt zuverlässige Wettervorhersagen gemacht werden.

Info

Wetter

Aus dem Wetterbericht sind die fünf Wetterelemente bekannt: Temperatur, Niederschlag, Wind, Bewölkung und Luftdruck.
Das Zusammenwirken dieser Elemente zu einer bestimmten Zeit an einem bestimmten Ort auf der Erde heißt Wetter.

Klima

Meteorologen messen mehrmals täglich die fünf Wetterelemente. Über einen Zeitraum von mindestens 30 Jahren errechnen sie daraus Durchschnittswerte. Diese langjährigen Mittelwerte geben Auskunft über das Klima eines Ortes oder Gebietes.

Mathe

M2 Petrus und die „Wettermaschine"

So gehst du vor

Lesen von Klimadiagrammen

1. Nenne den Namen der Station. Beschreibe ihre Lage (Kontinent, Land, Lage über dem Meeresspiegel, Lage im Gradnetz).

2. Nenne die Jahresmitteltemperatur sowie die Temperatur des wärmsten und kältesten Monats. Beschreibe den jährlichen Temperaturverlauf. Achte dabei auch auf vorhandene Schwankungen.

3. Nenne die Jahresniederschlagsmenge sowie den niederschlagsärmsten und -reichsten Monat. Beschreibe den jährlichen Niederschlagsverlauf. Achte dabei auch auf vorhandene Schwankungen.

Vergleichen von Klimadiagrammen

1. Lies mindestens zwei Klimadiagramme verschiedener Klimastationen.

2. Vergleiche die ermittelten Werte (Gemeinsamkeiten, Unterschiede).

3. Begründe die Vergleichsergebnisse (Lagemerkmale) und ordne sie einer Klimazone zu.

Aufgaben

1 Lies die Klimadiagramme auf S. 19. Nutze dazu die Schrittfolge.

2 Ordne die Klimadiagramme Klimazonen zu (S. 16, Atlas).

3 Vergleiche zwei selbst gewählte Klimadiagramme. Nutze dazu die Schrittfolge.

M3 In Grönland

Nuuk 2662E_3
20 m ü. M. 64°N / 51°W
T = -1°C
N = 515 mm

M4

M5 In der Taiga

Jakutsk 62°N / 129°O 100 m ü. M.
T = -10,2 °C
N = 213 mm

M6

M7 In der Sahara

El Goléa 12410E_1
398m 30°N / 2°O
T = 21.4 °C
P = 33 mm

M8

M9 Am Amazonas

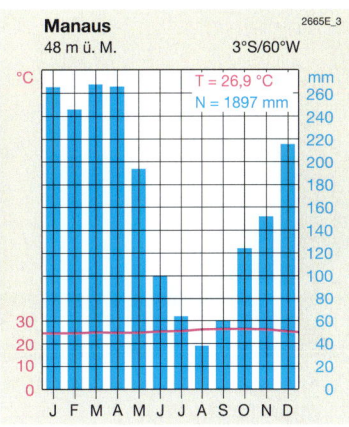

Manaus 2665E_3
48 m ü. M. 3°S/60°W
T = 26,9 °C
N = 1897 mm

M10

19

Ein Projekt durchführen

Wir begegnen unterschiedlichen Kulturen

Wir begegnen in unserem täglichen Leben einer Vielzahl von Menschen, die selbst oder deren Eltern bzw. Großeltern aus anderen Ländern stammen. Ihr Lebensstil ist zum Teil sehr stark durch die kulturellen Traditionen des Herkunftslandes geprägt. Oftmals kennen wir ihre traditionelle Lebensweise nicht. Manchmal reagieren wir deshalb mit Unverständnis auf bestimmte Handlungsweisen. Durch das Zusammenleben von Menschen aus unterschiedlichen Herkunftsländern mit verschiedenen Lebensweisen vermischen sich zunehmend die Kulturen.

Ein Projekt zur Erkundung von unterschiedlichen Kulturen in eurem Heimatraum kann dazu beitragen, Verständnis und Toleranz gegenüber anderen Kulturen zu entwickeln.

So geht ihr vor

Projekt: Unterschiedliche Kulturen in unserer Schulumgebung oder Nachbarschaft

1. Erkundet in eurer Schulumgebung oder Nachbarschaft die Lebensweisen von Menschen, die selbst oder deren Vorfahren aus anderen Ländern stammen.

2. Überlegt euch zunächst, was ihr untersuchen wollt, zum Beispiel:
   - Herkunftsländer und Religionszugehörigkeit
   - Bräuche, Feste, Lieder und Tänze
   - Sprache, Schule und Ausbildung
   - Speisen und Getränke
   - Kleidung, Schmuck und Frisuren

3. Legt nun fest, wie ihr zu den gesuchten Informationen gelangt, das heißt, welche Methoden ihr verwenden wollt, zum Beispiel:
   - schriftliche oder mündliche Befragungen
   - Fotografieren von Geschäften, Häusern und Klingelschildern.

So geht ihr vor

Projekt: Unterschiedliche Kulturen in unserer Schule

1. Befragt in eurer Schule zum Beispiel Lehrerinnen und Lehrer
   - zu Partnerschulen und Austauschprogrammen eurer Schule
   - zu Unterrichtsfächern und Themen, die über andere Kulturen informieren.

2. Für die Präsentation eurer Ergebnisse gibt es viele Möglichkeiten: Zeitungsartikel schreiben, Rollenspiele vortragen, Filme drehen, Personen- und Ländersteckbriefe erstellen, ein Fest mit entsprechenden Speisen, Getränken, Kleidung, Musik und Tänzen oder eine Ausstellung organisieren.

Fächerübergreifendes Projekt

M1 Kontakt mit der Partnerschule über das Internet

M2 Frau Hà in ihrem vietnamesischen Restaurant in Magdeburg

Aufgabe

1 Organisiert ein Projekt zur Erkundung von verschiedenen Kulturen in eurem näheren Lebensumfeld.

Alles klar?

1 Löse das Kreuzworträtsel. Übertrage es in dein Heft.

6 Vegetationszone mit Moosen und Flechten

1 Kulturraum

2 Hauptnahrungsmittel Asiens

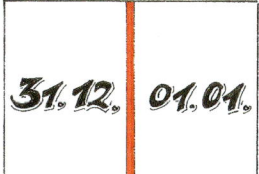

3 Klimazone an den Polen

5 Vegetationszone/ Trockenraum

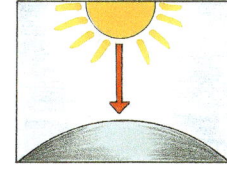

4 Vegetationszone/ Grasland

2 Vervollständige die Sätze mit der richtigen Antwort. Schreibe sie in dein Heft.

Das kannst du jetzt:

Die parallel zum Äquator verlaufenden Linien heißen

a) Längenkreise
b) Wendekreise
c) Breitenkreise
d) Meridiane

Die Sonne steht am 21. Juni im Zenit über dem

a) nördlichen Wendekreis
b) nördlichen Polarkreis
c) südlichen Wendekreis
d) Äquator

31.12. | 01.01.

Die Datumsgrenze verläuft

a) durch den Atlantischen Ozean
b) entlang des Nullmeridians
c) durch den Pazifischen Ozean
d) entlang des Äquators

– das Leben und Wirtschaften in verschiedenen Natur- und Kulturräumen beschreiben,
– Gliederungen der Erde in Kulturräume und Zeitzonen sowie in Klima- und Vegetationszonen beschreiben,
– Klimadiagramme lesen und vergleichen,
– den Aufbau des Gradnetzes beschreiben und es zur Lagebeschreibung nutzen.

Du kannst dabei folgende Fachbegriffe anwenden:
Gradnetz, Zeitzone

Trocken- und Konfliktraum Orient

Am Ende dieses Kapitels kannst du:

– die Lage und Merkmale des Orients beschreiben,
– natürliche Verhältnisse der Wüste beschreiben,
– das Leben und Wirtschaften der Menschen in Oasen erläutern,
– Raumveränderungen durch Wasser und Erdöl analysieren,
– Satellitenbilder lesen.

M1 Kairo

M2 Oase Timimoun

Orient im Überblick

Trockengürtel – Wüsten, Halbwüsten

Brennpunkt der Weltpolitik

Entstehungsraum dreier Weltreligionen

Nördl. Wendekreis

Äquator

Südl. Wendekreis

1890E

Größte Erdölvorkommen der Erde

Hochkultur im Altertum – erste Ackerbauern und Viehzüchter

Hochkulturen an Nil, Euphrat und Tigris

M1 Merkmale des Orients

Räumliche Orientierung

Info

Orient

Der Begriff kommt aus dem Lateinischen (oriens) und heißt aufgehende Sonne, Osten, Morgenland. Zahlreiche Wörter, die wir verwenden, stammen aus dem Arabischen: Algebra, Atlas, Haschisch, Kaffee, Kamel, Kuppel, Kümmel, Monsun, Mumie, Sandale, Sofa, Teppich, Zenit, Ziffer, Zimt.

Der Kulturraum Orient erstreckt sich über zwei Kontinente. Zusammengesetzt aus Westasien und Nordafrika, stellt er das Bindeglied zwischen Europa, Asien und Afrika dar. Die Grenzen des Orients zu den benachbarten Kulturräumen sind fließend. Seine Fläche beträgt ca. 13,5 Mio. km². Die natürlichen und kulturellen gemeinsamen Merkmale der beiden Teile des Orients erlauben es, sie zu einer geographischen Einheit zu verbinden (M1).

Der Orient gehört zum Trockengürtel der Erde. Die Gebiete entlang der großen Ströme Nil, Euphrat und Tigris sind aber schon seit Jahrtausenden besiedelt. Hier entwickelten sich frühe Hochkulturen.

Heute leben im Orient über 300 Millionen Menschen. Sie sprechen überwiegend Arabisch. Die Religion des Islam beeinflusst und prägt das Leben der Menschen in den meisten Ländern des Orients.

M2 Kirche und Moschee

Aufgaben

1 Beschreibe die Ausdehnung des Orients (M1, Atlas).

2 Nenne Merkmale des Orients.

3 Vergleiche deine Lebensweise mit der eines Bewohners des Orients.
Achte dabei besonders auf Kleidung, Architektur und Nahrung.

Arbeitsheft

Info

Der Islam bestimmt das Leben

Die meisten Menschen im Orient bekennen sich zum Islam. Fünfmal am Tag betet ein Muslim und verneigt sich dabei in Richtung der heiligen Stadt Mekka. Im Fastenmonat Ramadan darf zwischen Sonnenaufgang und Sonnenuntergang nicht gegessen und getrunken werden. Einmal im Leben sollte jeder Muslim nach Mekka pilgern. Die wohlhabenden Muslime geben den Armen Almosen.

M3 In einer Moschee

M4 Mittagstisch bei einer islamischen Familie

M5 Traditionelle Kultur und modernes Leben

M6 Dreisprachiges Verkehrsschild in Israel

Eine orientalische Stadt – Marrakech

In der Altstadt

Marrakech hat wie jede orientalische Stadt zwei Gesichter. Einerseits weist sie die Züge einer modernen westlich-europäischen Stadt auf, andererseits ist sie geprägt durch die ummauerte, orientalisch-islamische Altstadt, ein Weltkulturerbe der UNESCO. Die Altstadt orientalischer Städte wird Medina genannt. Die Merkmale der Medina sind enge und verwinkelte Sackgassen, die Schatten spenden.

Innenhöfe wahren die Privatsphäre der Bewohner. Geistig-religiöser Mittelpunkt und öffentliche Begegnungsstätte der Muslime sind die große Moschee und die ihr angegliederte Koranschule.
Das Herz der Medina ist der Basar, oft auch Souk genannt. Dieses Handels- und Handwerkerviertel ist das traditionelle Finanz- und Wirtschaftszentrum orientalischer Städte.

M1 Lage von Marrakech (sprich Marakesch)

M2 Die Altstadt von Marrakech von oben

Mit Achmed über den Basar

Achmed wohnt in der Medina von Marrakech. Heute begleitet er uns bei einem Bummel über den Basar, der täglich geöffnet ist. Die Gassen und Hallen sind meist überdacht und damit vor der Sonne geschützt.

Achmed erklärt uns, dass jedes Handwerk ein bestimmtes Viertel einnimmt.

Hier duftet es nach Parfümen, dort nach Gewürzen. Dann vernimmt man die hämmernde Bearbeitung von Messing. Wer etwas kaufen will, so erklärt uns Achmed, muss die „Kunst" des Handelns beherrschen. Ein Käufer, der sofort den erstgenannten Preis bezahlt, wird als Dummkopf angesehen und als einer, der dem Händler die Freude am Verkaufen verdirbt.

Auf dem Basar von Marrakech

Aufgaben

1 Beschreibe die Lage von Marrakech.

2 Beschreibe den Aufbau der traditionellen orientalischen Stadt.

M3 In der Neustadt (Avenue Mohammed)

Die moderne Neustadt

Im 19. Jahrhundert begann sich Marrakech zu wandeln. Um die Medina herum entstand ein moderner, weitläufiger Stadtteil mit geradlinigen und breiten Straßen, repräsentativen Plätzen und mehrstöckigen Wohnblöcken in einem mediterran-europäischen Stil. Jenseits der Stadtmauer entwickelte sich eine moderne City mit Büro- und Verwaltungsgebäuden, Hotels, Banken und Niederlassungen ausländischer Firmen.

Großhandel und Gewerbebetriebe wurden aus der Altstadt an Standorte entlang der Ausfallstraßen und Bahnlinien ausgelagert. Auch die reiche Oberschicht verließ die Medina und zog in komfortable Neubauten oder Villenviertel am Stadtrand. Die Altstadt hingegen wurde zum Auffangbecken einkommensschwacher Zuwanderer aus ländlichen Regionen. Der Tourismus führt heute zu einer Wiederbelebung der Altstadt.

Aufgaben

3 Stelle in einer Tabelle die Merkmale der orientalischen Altstadt und Neustadt gegenüber.

4 Vergleiche die Neustadt von Marrakech (M3) mit dem Neubauviertel einer deutschen Stadt.

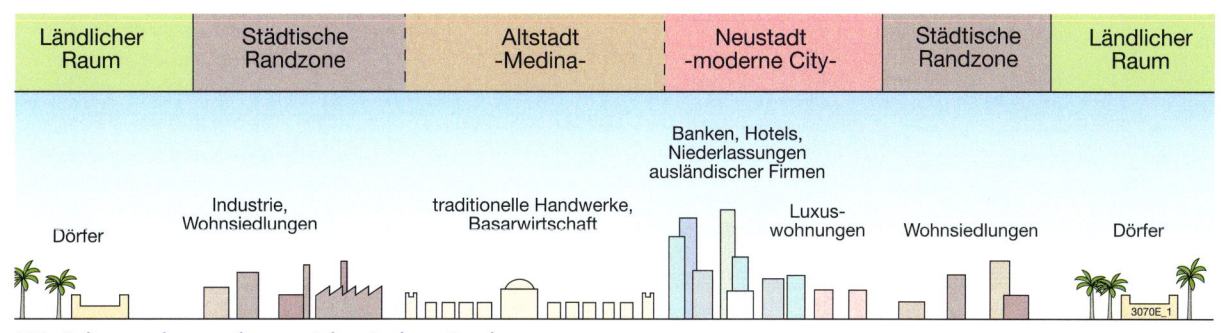

Ländlicher Raum	Städtische Randzone	Altstadt -Medina-	Neustadt -moderne City-	Städtische Randzone	Ländlicher Raum

Banken, Hotels, Niederlassungen ausländischer Firmen

Dörfer · Industrie, Wohnsiedlungen · traditionelle Handwerke, Basarwirtschaft · Luxuswohnungen · Wohnsiedlungen · Dörfer

3070E_1

M4 Schema der modernen islamischen Stadt

Trockenheit – Ursachen und Folgen

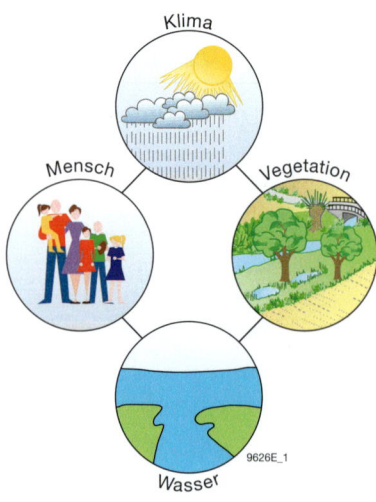

M1 Zusammenhänge zwischen Geofaktoren

M2 Wadi – ein ausgetrocknetes Flussbett. Bei plötzlich auftretenden Regenfällen kann es sich mit Wassser füllen. Dann wird es zu einer großen Gefahr für Reisende.

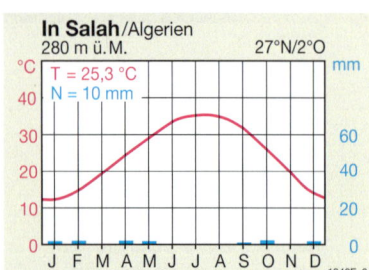

M3 Klimadiagramm und Tagestemperaturen in In Salah

Der Orient liegt im Trockengürtel der Erde. Dort fallen das ganze Jahr über nur geringe Niederschläge. Deshalb wird das Landschaftsbild von ausgedehnten Wüsten und Halbwüsten geprägt.

Nur große Flüsse wie der Nil, der Euphrat und der Tigris durchfließen als sogenannte Fremdlingsflüsse die ausgedehnten Trockengebiete. Andere Flüsse erreichen erst gar nicht das Meer, weil das Wasser schon auf dem Weg dorthin verdunstet.

Ursache für die große Trockenheit in weiten Teilen des Orients ist der hier regelmäßig wehende Wind, der als Passat bezeichnet wird (M4). Auf seinem Weg in Richtung Äquator wird er wärmer und trockener.

M4 Lage von In Salah sowie Verbreitung der Wüsten im Orient und im subsaharischen Afrika

M5 Nach einem seltenen Regenschauer – die Wüste blüht

Aufgaben

1 Schreibe auf, wie du dir Wüsten vorstellst und was du alles mit „Wüste" verbindest. Vergleicht eure Ergebnisse in der Klasse.

2 „In der Wüste sind schon mehr Menschen ertrunken als verdurstet". Erkläre diese Aussage.

3 Beschreibe das Klima in der Wüste (M3).

Arbeitsheft

Die Wüste Sahara

Mit acht Millionen Quadratkilometern ist die Sahara die größte Wüste der Erde. Sie ist ein lebensfeindlicher und dünn besiedelter Raum. Es fällt kaum Niederschlag. In den Sommermonaten betragen die durchschnittlichen Temperaturen über 35 °C. Mittags wird es aber häufig noch heißer.

Würde sich ein Mensch ohne ausreichenden Schutz dieser Gluthitze aussetzen, wäre er innerhalb weniger Stunden tot. Kleinere Tiere, die hier überleben wollen, vergraben sich am Tag oft im Untergrund und werden nur nachts aktiv. In den Wintermonaten können die Temperaturen in der Nacht auf -10 °C sinken.

Starke Temperaturschwankungen führen zum Zerfall der Felsen und Steine.
+50°C
-10°C

Insgesamt geringe Niederschläge und hohe Verdunstung verhindern Pflanzenwuchs.

Niederschläge (selten, aber dann heftig)

Wind bläst Sand aus

gelegentlich stark fließendes Wasser

Name:	Felswüste (Hamada)	Kieswüste (Serir)	Sandwüste (Erg)
Anteil:	etwa 70 % aller Wüsten	etwa 10 % aller Wüsten	etwa 20 % aller Wüsten
Material:	Felsen, Steine	Kies	Sand

9243E_0

M6 Wüstenarten und ihre Entstehung

„Heute unternehmen wir eine Fahrt mit einem Landrover in die Sahara. Unser Fahrer Habib kennt sie genau. Als wir aus dem klimatisierten Fahrzeug aussteigen, „erschlägt" uns die Hitze. Soweit man sehen kann kein Baum und kein Strauch! Kaum zu glauben, dass sich die Wüste nach kurzen, seltenen Regengüssen in eine blühende Landschaft verwandelt. Die Luft flimmert und die endlose Straße scheint am Horizont in einen See zu führen, den es gar nicht gibt – eine Fata Morgana. Wir nehmen einen kräftigen Schluck Wasser zu uns und merken, wie dringend wir ihn brauchen."

(Nach: Bericht von einer Fahrt in die Wüste)

Leben in der Wüste

Tuareg – „Ritter der Wüste"

Keiner kennt die Gesetze der Wüste so gut wie das Nomadenvolk der Tuareg. Mit ihren Herden ziehen sie durch die langen Trockentäler der Sahara, in denen sie Gras für ihre Tiere und Akazienbäume für ausreichend Brennholz finden. Sie wohnen in Lederzelten oder Hütten. Wie die Araber sind auch die Tuareg Muslime.

Ihre Frauen sind „Herrinnen des Zeltes". Sie versorgen die Familie, wenn ihre Männer oft wochenlang mit Karawanen durch die Wüste ziehen. Aber das Leben der Tuareg verändert sich. Anstelle von Karawanen transportieren immer öfter Lkws Waren durch die Sahara. Die Haltung großer Dromedarherden wird überflüssig.

Info

Dromedar

- Tageslaufleistung: ca. 40 Kilometer
- Zahl der Führer pro zehn Dromedare: 2–3
- Last pro Tier: ca. 200 Kilogramm
- „Verbrauch" pro Tag: ca. zehn Liter Wasser

Lkw

- Tagesleistung:
  Piste 150 Kilometer
  Straße 500 Kilometer
- Zahl der Fahrer pro Lkw: 1
- Last pro Lkw: zwischen 5 und 20 Tonnen
- Verbrauch pro 100 Kilometer: 20 Liter Diesel

www.planet-wissen.de/natur_technik/wueste/index.jsp

hermetisch verschließbare Augenlider und Nüstern, lange Wimpern:
Schutz bei Sandsturm

Fähigkeit, Wasser aus der Luft über die Nasenschleimhäute aufzunehmen (besonders nachts):
effektive Wasseraufnahme

Höcker als wichtigste Fettspeicher:
Schutz vor dem Verdursten

Magen mit Wasserspeicher:
Schutz vor dem Verdursten

dichtes wolliges Haar:
Schutz des Körpers vor Hitze und Kälte

lange Beine mit Schwielen an den Knien:
Schutz vor heißem Sand und Kälte

Paarhufer mit Schwielensohlen; Hufe mit großer Auflagefläche:
sicheres Gehen im heißen Sand

M1 Das Dromedar – perfekt angepasst

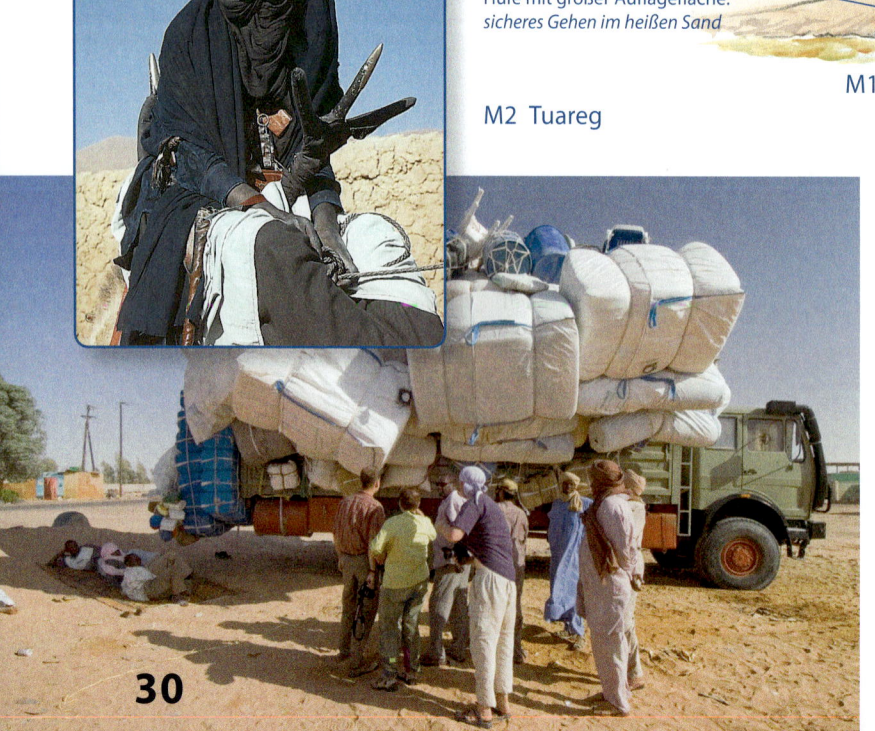

M2 Tuareg

M3 Karawane durch die Sahara

M4 Beladener Transporter

Tagesablauf einer Tuareg-Nomadin

Tatrit ist eine Tuareg-Nomadin am Südrand der Sahara. Sie zieht mit ihrer Großfamilie und ihrer Herde von einem Wasserloch und Weideplatz zum nächsten. Die Gruppe besteht aus 34 Personen: zwölf Frauen, acht Männern und 14 Kindern. Zunächst müssen die Zelte aufgebaut werden. Das ist für Tatrit und ihre Schwester Raïsha kein Problem.

Anschließend zerstampft Raïsha Hirsekörner. Dann schüttet Tatrit die zerstampfte Hirse in den zerbeulten Eisentopf über dem Feuer. Sie fügt Ziegenmilch und Salz hinzu. Das ergibt einen Hirsebrei.

„Die Herde!" Fast hätte Tatrit die 18 Ziegen vergessen. Sie treibt sie zum Brunnen und zieht das trübe Wasser aus der Tiefe – zehn schwere Liter pro Eimer, kaum genug, um zwei Ziegen zu tränken.

Am nächsten Morgen kommt Tatrits Bruder Kebebe zu Besuch. Er arbeitet als Jeepfahrer und Reiseführer für ein Touristikunternehmen. Als die Firma vor Jahren einen ortskundigen Begleiter für eine Wüstentour suchte, hat er dort begonnen. Er lernte Französisch und erwarb den Führerschein. Heute führt er selbst Touristen durch die Sahara.

M5 Tatrit – eine Tuareg-Nomadin in Festtagskleidung

Aufgaben

1 **Warum haben viele Tuareg ihre traditionelle Lebensweise aufgegeben?**

2 **Beschreibe den Tagesablauf einer Tuareg-Nomadin.**

Info

Die Tuareg heute

Das Leben der Tuareg hat sich in den letzten Jahrzehnten sehr verändert. An den Rändern der Wüste wuchs die Bevölkerung und wurde sesshaft. Die Tuareg hofften immer auf die Gründung eines eigenen Staates. Dies geschah nicht. Ihr Lebensraum wurde auf fünf Länder aufgeteilt: Algerien, Libyen, Mali, Niger und Burkina Faso. So leben die Tuareg auch heute noch als Nomaden, ohne eigenen Grund und Boden. Lange Dürrezeiten haben ihre Herden immer wieder verkleinert. Auf Dauer sind die Nomaden der Konkurrenz der Ackerbauern nicht gewachsen.

M6 Tatrit beim Kochen

M7 Tatrit beim Zeltaufbau

M8 Ein Fest bei den Tuareg

M1 Grundwasseroase in der Sahara

Oase – Wasser, der kostbarste Schatz der Wüste

In der Wüste tritt Wasser nur selten an der Erdoberfläche aus. In den Gebirgen liegen in schattigen Schluchten einige Quellen oder Wasserbecken. Sie werden von gelegentlichen Regenfällen gespeist. Das meiste Wasser versickert jedoch in den sandigen, trockenen Böden und wird schließlich als Grundwasser gespeichert.
Über den wasserstauenden Schichten im Untergrund sammelt sich das Wasser. Es bildet sich ein großer Wasservorrat.

Dem Gefälle folgend findet das Wasser unterirdisch seinen Weg bis in weit entfernte Wüstenbecken. Dort wird es in Oasen mit Brunnen oder Pumpen gefördert (M2) oder tritt als artesisches Wasser unter Druck an die Erdoberfläche.

Große Wasservorräte befinden sich in der Sahara auch in 1 000 bis 4 000 Meter Tiefe (M3). Dieses Wasser ist etwa 20 000 Jahre alt und stammt aus einer Zeit, in der hier mehr Niederschläge als heute fielen.

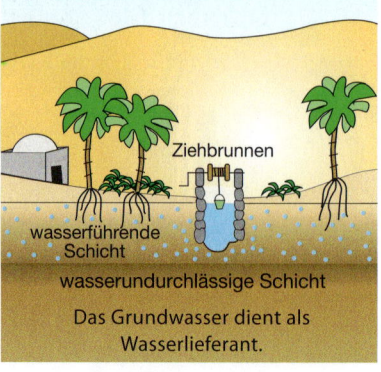

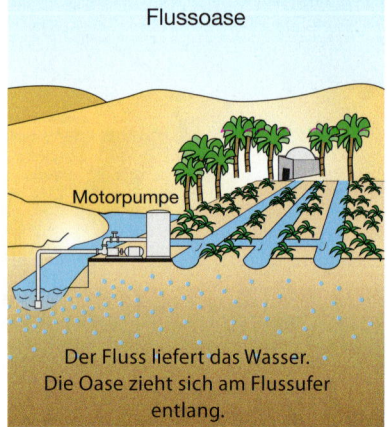

M2 Oasenarten

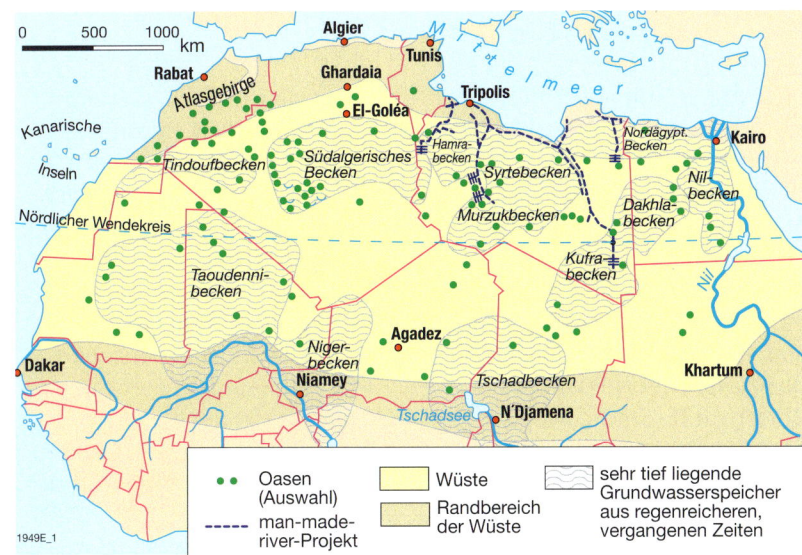

M3 Oasen und Grundwasserspeicher in der Sahara

Wirtschaften in einer Grundwasseroase

Viele Oasen sind von Bewässerungsgräben durchzogen. Von Hauptbewässerungskanälen zweigen Nebenkanäle ab, die durch Schieber geöffnet und geschlossen werden können. Ein Wasserwächter regelt und überwacht die Wasserverteilung. Im Schatten der Dattelpalmen wachsen Orangen-, Zitronen- und Pfirsichbäume. Darunter werden Melonen, Gurken und Tomaten angebaut.

Durch diesen Stockwerk-Anbau verdunstet weniger Wasser und der Boden trocknet nicht so schnell aus. Weil die Bewässerungsfläche kostbar ist, stehen die Häuser am Rand der Oase auf einer Anhöhe. Sie sind eng aneinander gebaut und besitzen wenige Fenster. Diese Bauweise schützt gegen die sengende Sonne.

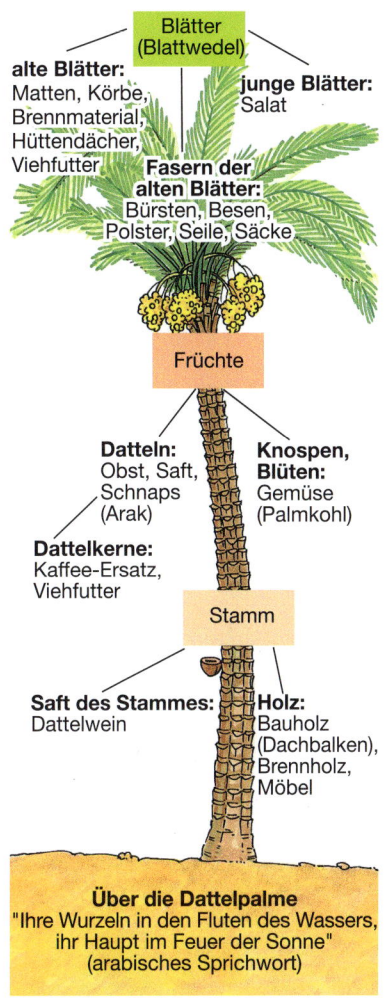

M4 Nutzung der Dattelpalme

M5 Wasserverteilung in einer Oase

Bio

M6 Badespaß im Trinkwasserspeicher

Aufgabe

3 **Beschreibe die Nutzung einer Grundwasseroase.**

33

Die Flussoase des Nils

Jahr	Bevölkerung in Millionen	LF in ha/ Einw.
1800	3	0,53
1882	7	0,25
1907	11	0,20
1947	19	0,12
1966	30	0,09
1980	41	0,07
1990	52	0,05
2000	68	0,04
2009	80	0,04

M1 Entwicklung der Bevölkerung und der landwirtschaftlichen Nutzfläche (LF) in Ägypten

Das Niltal ist mit etwa 1 000 Kilometern die längste Flussoase der Erde. Wie ein grünes Band durchzieht sie die Wüste Sahara. Der Nil prägt das gesamte Leben von Ägypten, man sagt auch: „Ägypten – das ist der Nil". Bereits vor mehr als 5 000 Jahren konnte sich hier eine Hochkultur entwickeln. Das Wasser des Nils versorgt Dörfer, große Städte wie Assuan und Kairo und bildet die Grundlage für die Landwirtschaft. Die Bauern (Fellachen) nutzen das Oasenland intensiv und haben ein verzweigtes Bewässerungssystem entwickelt. Besonders bedeutsam für gute Ernteerträge war darüber hinaus das Nilhochwasser im Sommer, das die Äcker mit Schlamm bedeckte. An der Mündung bildete sich durch diese Ablagerungen ein fruchtbares Delta. Es ist Lebens- und Wirtschaftsraum für mehr als 60 Prozent der ägyptischen Bevölkerung. Doch seit dem Bau des Assuan-Staudammes hat sich viel geändert (vgl. S. 39 und 48).

Aufgaben

1 Erläutere, weshalb der Nil als die „Lebensader Ägyptens" bezeichnet wird.

2 Obwohl der Nil eine Wüste durchfließt, ist er sehr wasserreich. Erkläre.

Arbeitsheft

Ge

Oase und Fischer auf dem Nil

Traditionelle Bewässerung

Vom Ochsen angetriebenes Wasserschöpfrad

Vielfältige Nutzung

M2 In der Flussoase wird jeder Quadratmeter genutzt.

So gehst du vor

1. Ermittle den Namen des Satelliten, der die Aufnahme gemacht hat. Gib das Aufnahmedatum an.

2. Nenne den Titel des Satellitenbildes. Beachte: Häufig enthält dieser bereits Angaben zum abgebildeten Raumausschnitt.

3. Ordne den Raumausschnitt topographisch ein. Informiere dich dazu im Atlas über abgebildete Meere, Flüsse, Seen, Reliefmerkmale/Landschaften, Siedlungen. Im Ergebnis kann eine topographische Skizze entstehen.

4. Beschreibe den dargestellten Inhalt. Deute zunächst die abgebildeten Flächenfarben (zum Beispiel grün = Vegetation). Stelle Zusammenhänge zwischen Bildelementen her und versuche, sie zu erklären. Sollten mehrere Satellitenbilder in zeitlicher Folge vorliegen, können Veränderungen beschrieben werden.

Info

Satellitenbilder

Satellitenbilder werden aus dem Weltraum aufgenommen und die Daten anschließend zur Erde gesendet.

Aufgaben

3 Nenne Unterschiede zwischen dem Satellitenbild (M3) und der Karte (M4).

4 Lies das Satellitenbild vom Niltal (M3). Nutze dazu die Schrittfolge.

M3 Satellitenbild: Niltal mit Delta (Modis, 10.08.2000)

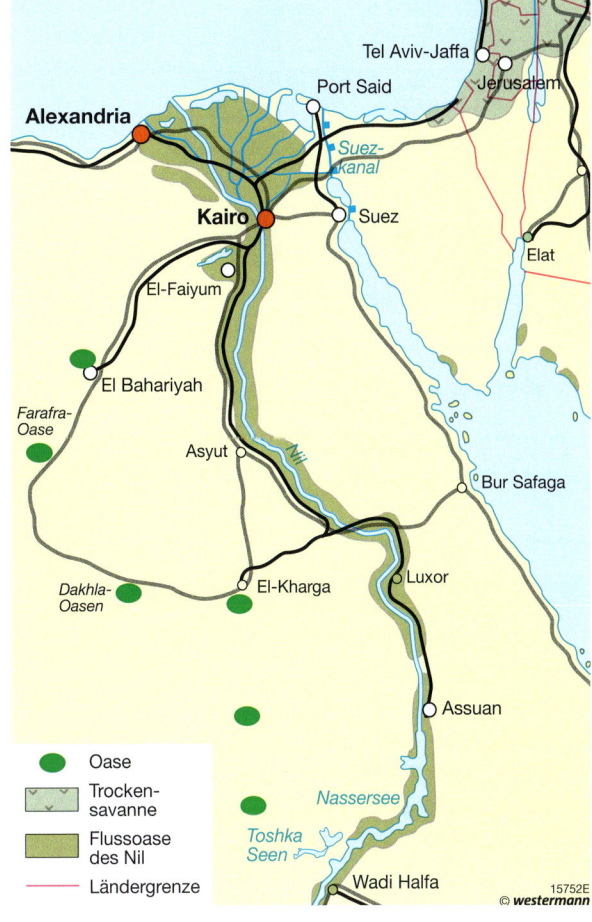

M4 Karte des Niltals

Konfliktstoff Wasser

Land	Wasserverbrauch (m³ pro Einw./Jahr)
USA	1600
Australien	1193
Ägypten	809
Saudi-Arabien	786
Deutschland	712
Norwegen	519
Ver. Arab. Emirate	511
Brasilien	318
Israel	305
Tschad	24

M2 Wasserverbrauch

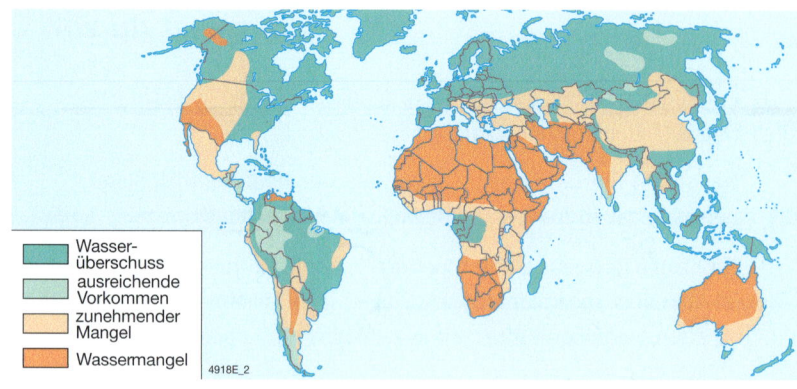

Wasser-
überschuss

ausreichende
Vorkommen

zunehmender
Mangel

Wassermangel

4918E_2

M1 Wasserverteilung auf der Erde

Die Wasserkrise verschärft sich

Amam imam – Wasser ist Leben! Und in der Tat: Nicht nur Erdöl oder Erdgas sind heute die kostbarsten Rohstoffe der Erde, sondern auch Wasser. Dies zeigt sich deutlich im Orient. Aufgrund der Niederschlagsarmut ist die sich jährlich erneuernde Wassermenge sehr gering.

Die Länder im Orient leiden unter Wassermangel. Im Orient wie überall auf der Erde überschreiten Flussläufe Staatsgrenzen.

Von den jeweils anliegenden Ländern werden besonders intensiv Euphrat, Tigris und Jordan genutzt. Durch die Zunahme der Bevölkerung und den steigenden Lebensstandard wird immer mehr Wasser benötigt.

Das führt zu einer starken Abnahme der ehemals großen Reserven. Einige Grundwasserleiter sind bereits leer gepumpt.

Ch

M3 Wird Wasser knapp?

www.wwf.de/themen/
suesswasser/wasserknappheit

Aufgaben

1 Die Worte „Wasser" und „Leben" unterscheiden sich im Arabischen nur durch einen Vokal: amam – imam. Erläutere.

2 Berichte über die Wassersituation im Orient. Werte dazu M1 bis M4 aus.

M4 Geschützter Brunnen in Qualya, Israel

Wassernutzungsprobleme am Jordan

See Genezareth aus der Luft

M5 See Genezareth

Quellflüsse des Jordan

Grenzüberschreitende Gewässer. Anlage von Stauseen und Verständigung der Anrainer über gemeinsame Nutzung des Wassers.

See Genezareth
(Süßwasserspeicher)

Wasser wird fast ausschließlich von den Israelis verbraucht; drei Viertel des einfließenden Jordanwassers werden über die „Nationale Wasserführung" in den Süden Israels gepumpt. Dramatische Absenkung des Wasserspiegels.

Yarmuk

Vereinbarung zwischen Israel und Jordanien über die dem Fluss zu entnehmende Wassermenge; gemeinsame Aufstau- und Speichermaßnahmen.

Jordan

Ökologisch belastetes Rinnsal. Fehlendes Wasser für Bewässerung in Jordanien.

Aufgaben

3 Untersuche die Wassernutzung im Einzugsgebiet des Jordan. Nenne das, was Konflikte auslösen kann und das, was Hoffnung macht.

4 Erkläre, weshalb der Wasserspiegel des Toten Meeres beständig absinkt.

Am tiefsten zugänglichen Punkt der Erde

Fast 400 Meter unter dem Meeresspiegel erstreckt sich das Tote Meer. Neben seiner „Tieflage" besitzt der See noch eine weitere Besonderheit. Der Salzgehalt des Wassers ist außerordentlich hoch. Dicke Salzkrusten schwimmen an manchen Stellen auf der

Gewässeroberfläche. Dies bedeutet, dass mehr Salz vorhanden ist, als sich im Wasser auflösen kann. In jedem Liter sind durchschnittlich 300 Gramm Salze gelöst, in den Ozeanen dagegen nur rund 40 Gramm. Lebewesen können bei einer solchen hohen Salzkonzentration nicht existieren. Beim Baden im Toten Meer kannst du nicht untergehen. Warum?

Totes Meer

Durch geringen Wasserzufluss Versalzung und Senkung des Grundwasserspiegels bei hoher Verdunstung.

Lösungsansatz:

Weitere Verständigung.

3646E_5

M6 Wasser und seine Nutzung im Einzugsgebiet des Jordan

M1 Wasserprojekte an Euphrat und Tigris

Info

Daten zum Südostanatolien-Projekt

- Staubeginn: Januar 1990
- überstaute Fläche: 817 km² Wasser (zum Vergleich: Bleiloch-Talsperre mit 9,2 km² ist der größte Stausee Deutschlands)
- Stromerzeugung: 8,9 Milliarden kWh jährlich
- gesamte geplante Bewässerungsfläche: 1,6 Millionen Hektar
- Zuleitungskanäle: 283 Kilometer Hauptkanäle 420 Kilometer Verteilerkanäle

Aufgaben

1. **Nenne Ziele, die mit dem Südostanatolien-Projekt verfolgt werden.**

2. **Erläutere die Notwendigkeit von Verhandlungen zwischen den Euphrat-Anrainerstaaten.**

3. **Berichte über weitere Wasserprojekte oder Wassersparmaßnahmen im Orient.**

M2 Dorf in Südostanatolien

Das Südostanatolien-Projekt

Im Bereich der Flüsse Euphrat und Tigris soll der Bibel nach der Garten Eden gewesen sein. Heute liegt am oberen Euphrat die Armutsregion der Türkei, Südostanatolien.

Nun soll die Region durch das mehrfache Aufstauen des Flusses erneut erblühen. Am Oberlauf des Euphrat sind 21 Staudämme mit 17 Kraftwerken entstanden.

Der größte Damm ist der Atatürk-Staudamm (M1). Durch Bewässerung entstehen neue landwirtschaftliche Nutzflächen. Darauf sind zwei bis drei Ernten im Jahr möglich. Zum Bestellen der großen Felder sind jedoch moderne Maschinen erforderlich, die nur die Groß- und Mittelbauern bezahlen können.

Der „gestohlene Fluss"

Die Verwirklichung des Südostanatolien-Projektes ist aber auch ein Beispiel für den Konflikt um Wasser. Die erhöhte Wasserentnahme führt flussabwärts zu Wassermangel. 1990 zum Beispiel versiegte der Euphrat für einen Monat sogar vollständig. Sein Wasser füllte den Atatürk-Stausee.

Ernteeinbußen und Stromausfälle in Syrien und im Irak waren die Folge. Erst nach Protesten und intensiven Verhandlungen wurde den Ländern eine Wassermenge von 500 m³ pro Sekunde garantiert (vgl. Durchfluss des Rheins bei Koblenz: 2000 m³ pro Sekunde). Wasserverteilungskämpfe durch weitere Staudämme werden befürchtet.

Die Wasserkrise – Lösungsansätze

Der Assuan-Staudamm

In der Zeit von 1960 bis 1971 wurde in Ägypten in der Nähe der Stadt Assuan ein gigantischer Staudamm gebaut. Durch ihn ist es möglich, das Nilwasser aufzufangen und die Bewässerungsfläche in die Wüste hinein auszudehnen. Infolge des zusätzlichen Wasserangebots sind jetzt auch mehrere Ernten im Jahr möglich. Zudem kann durch eine geregelte Wasserführung ganzjährig Schifffahrt auf dem Nil betrieben werden. Der Bau brachte aber auch Probleme (vgl. Seite 48).

Tropfbewässerung

Die Tropfbewässerung ist eine Form der Bewässerung von landwirtschaftlichen und gärtnerischen Kulturen. Dabei wird das Wasser – Tropfen für Tropfen – mithilfe von Schläuchen direkt an die Wurzeln geleitet. Entwickelt wurde diese Bewässerungsform in Israel, denn dort nimmt die Wüste Negev rund 60 Prozent der Landesfläche ein. Wegen des extremen Wassermangels musste eine sparsame Bewässerungsform gefunden werden. Auch bei uns findet die Tropfbewässerung immer mehr Verwendung.

Das Toshka-Projekt

Aus dem Assuan-Stausee wird Wasser gepumpt und über ein Kanalsystem in die 60 Kilometer entfernte Toshka-Senke geleitet. Das Ziel ist, ödes Wüstenland in fruchtbares Ackerland umzuwandeln. In der Wüste soll auch neuer Lebensraum für über drei Millionen Ägypter geschaffen werden. Viele Ägypter sehen in dem Toshka-Projekt die „Hoffnung des 21. Jahrhunderts", andere dagegen sprechen von einer Fata Morgana.

Man-made-river-Projekt

Mithilfe zahlreicher Brunnen holen die Libyer Wasser aus einer Tiefe von bis zu 300 Metern. In Betonröhren von vier Metern Durchmesser fließt das Wasser in die Küstenregion. Damit werden dort neue landwirtschaftliche Flächen bewässert sowie Industrieanlagen und Haushalte versorgt. Nicht alle teilen die Begeisterung für das Projekt. Niemand weiß genau, wie lange die Grundwasserreserven reichen werden und ob sich die Baukosten von über 15 Milliarden Dollar gelohnt haben.

Fächerübergreifendes Projekt

M1 Wo früher Perlenfischer lebten, werden heute Supertanker beladen.

Aufgaben

1 Berichte über die Bedeutung von Erdöl.

2 Beschreibe die Verteilung der Erdölreserven auf der Erde (M2, Atlas).

Arbeitsheft

Saudi-Arabien **36,3**
Iran **18,9**
Irak **15,5**
Venezuela **14,3**
Kuwait **14,0**
13,0

Rohöl-Reserven in Mrd. t

1,6 Mexiko
2,1 China
3,7 USA
4,4 Kanada
4,9 Nigeria
5,7 Libyen
10,8 Russland
Arabische Emirate

9231E_2
© Globus
8264
Quelle: BP
Stand 2008

M2 Die ölreichsten Länder der Welt (Auswahl)

Erdöl prägt eine Region

Im Jahre 1908 entdeckte man im Iran erstmals Erdöl. Damit begann für die gesamte Golfregion das Erdölzeitalter. Heute gibt es kaum einen Staat am Persischen Golf, der kein Erdöl und Erdgas fördert und exportiert. Die Lagerstätten sind aufgrund der niedrigen Förderkosten für die wirtschaftliche Nutzung hervorragend geeignet.

Es sind meist große, ergiebige Lagerstätten. Sie sind küstennah oder im Offshore-Bereich des Persischen Golfs (offshore = fern des Ufers) gelegen. Das Erdöl hat eine sehr gute Qualität. Diese Gründe führten zu einer raschen Förderentwicklung. Wurden in den Golfländern 1950 etwa 85 Millionen Tonnen Erdöl und Erdgas gefördert, so sind es heute über eine Milliarde Tonnen pro Jahr.

Vom Leben der Bohrarbeiter

Hart ist das Leben in den Erdölcamps oder auf einer Bohrinsel. 14 Tage bohren unter glühender Wüstensonne! Dann gibt es acht oder zehn Tage Urlaub.
Viele Ingenieure und Arbeiter verbringen die Erholungspausen im Ausland oder in einem der vielen Hotels an der Küste. Andere bleiben in den Erdölstädten. Das sind meist kleine, planmäßig angelegte Siedlungen, die in der Nähe der Ölfelder entstanden sind. Hier leben Einheimische und Ausländer.

Die Golfstaaten – über Nacht steinreich

Seit internationale Ölgesellschaften wie Exxon, Shell, BP und andere aus dem arabischen Boden Erdöl pumpen, fließen jährlich viele Milliarden US-Dollar in die Golfstaaten. Vor allem die Herrscherfamilien sind durch den Verkauf des Öls auf dem Weltmarkt märchenhaft reich geworden.

Die Paläste des Morgenlandes wurden von den teuersten Architekten in Luxuspaläste für das „Übermorgenland" umgebaut. Das Geschäft mit dem Öl, dem schwarzen Gold, löste einen Bauboom aus: Erdölhäfen, Autobahnen und Flughäfen wurden mit internationaler Beteiligung in die Wüste gebaut. Vor allem aus Indien, Bangladesch, Pakistan und China stammen die Bauarbeiter.

Mit Stolz verweisen die Ölstaaten darauf, dass hier niemand Steuern zahlen muss. Bildung und Gesundheitsversorgung sind kostenfrei. Nahezu alle Weltfirmen, die Luxusgüter herstellen, haben Verkaufsstellen in den Golfstaaten eröffnet.

M3 Dubai – Metropole am Rand der Wüste mit dem höchsten Gebäude der Welt (828 Meter)

M4 Indoor-Skihalle in Dubai

M5 Gold kiloweise: im Goldbasar von Abu Dhabi

M6 Luxushotel Burj al Arab

Aufgaben

3 Berichte über die Nutzung der Erdöleinnahmen in den Golfstaaten.

4 Informiere dich über das höchste Gebäude der Welt (M3).

Dubai – Willkommen im „Über-Morgenland"

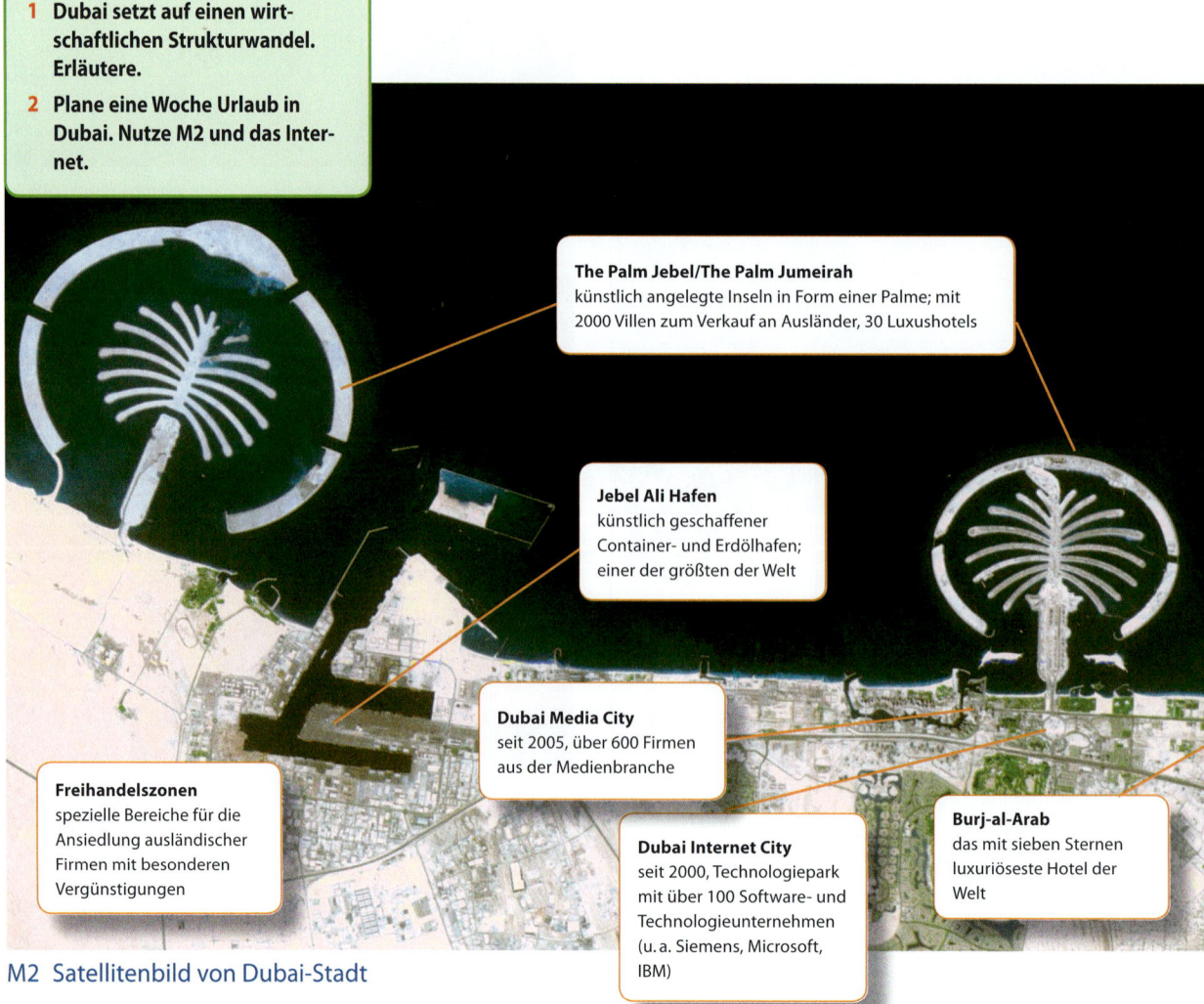

M1 Lage von Dubai

www.hallodubai.com

Aufgaben

1 Dubai setzt auf einen wirtschaftlichen Strukturwandel. Erläutere.

2 Plane eine Woche Urlaub in Dubai. Nutze M2 und das Internet.

Dubai ist eines von sieben Emiraten (Scheichtümern), die zusammen die Vereinigten Arabischen Emirate (V.A.E.) bilden. Dubai bietet in der Neustadt Superlative: Das höchste Gebäude der Welt, Luxusgeschäfte, ein Sieben-Sterne-Hotel, eine Indoor-Skiarena von der Größe von drei Fußballfeldern und vieles mehr. Der Reichtum für das Emirat kam mit dem Erdöl.

Die Ölvorkommen sind jedoch begrenzt. Schätzungen besagen, dass die Ölquellen von Dubai um 2030 versiegt sein werden.

Seit Jahren versucht das Scheichtum deshalb, vom Erdöl unabhängiger zu werden. Dubai ist heute schon zu einem beliebten Touristenziel, zu einer Handelsdrehscheibe am Golf und zu einem weltweit bedeutenden Finanzzentrum geworden.

Die wirtschaftliche Vielfalt bringt für den Wüstenstaat aber auch Probleme mit sich. So ist der Wasserbedarf sehr gestiegen. Für Gartenanlagen, Pools und künstliche Wasserläufe wird Süßwasser benötigt. Den größten Teil davon muss Dubai durch Entsalzung von Meerwasser gewinnen.

The Palm Jebel/The Palm Jumeirah
künstlich angelegte Inseln in Form einer Palme; mit 2000 Villen zum Verkauf an Ausländer, 30 Luxushotels

Jebel Ali Hafen
künstlich geschaffener Container- und Erdölhafen; einer der größten der Welt

Dubai Media City
seit 2005, über 600 Firmen aus der Medienbranche

Freihandelszonen
spezielle Bereiche für die Ansiedlung ausländischer Firmen mit besonderen Vergünstigungen

Dubai Internet City
seit 2000, Technologiepark mit über 100 Software- und Technologieunternehmen (u. a. Siemens, Microsoft, IBM)

Burj-al-Arab
das mit sieben Sternen luxuriöseste Hotel der Welt

M2 Satellitenbild von Dubai-Stadt

Der Creek

Die Altstadt rechts und links des Dubai Creek, eines einige Kilometer ins Land schneidenden Meeresarms, steht in Kontrast zum Glitzer und Glamour der Neustadt. Statt frisch gewaschener Geländewagen zuckeln im Stadtteil Bur Dubai Männer mit Transportkarren voller Stoffballen und anderer Waren durch enge Gassen und versorgen Hunderte Kleinhändler mit Nachschub.

Am Creek mischt sich der orientalische Duft mit Dieselschwaden. Tag und Nacht tuckern Abras hinüber auf die andere Seite des Dubai Creek. Abras heißen die klobigen Fähren. All jene, die sich kein eigenes Auto leisten können,

nutzen sie. Der Welthandel spielt sich in der Altstadt, nicht in klimatisierten Büros ab. Er findet in Hunderten blinkenden kleinen Läden, zum Bersten gefüllt mit allem, was in Asien billig hergestellt und nach Afrika geliefert wird, statt. Der Dubai Creek ist Umschlagplatz für Batteriewecker, Zahnpasta, Töpfe und bunte Wäscheklammern.

Hier am Wasser ist zu spüren, was Dubai schon immer war, lange bevor sein rasanter Aufstieg begann – und was es noch immer ist: kein Traum aus 1001 Nacht, vielmehr ein brodelnder, duftender Hexenkessel.

M3 Boote im Dubai Creek

Aufgabe

3 **Vergleiche die Altstadt Dubais mit der Neustadt (Text, M2).**

The World
300 künstlich angelegte Inseln, die den Globus abbilden; werden einzeln verkauft zum Preis von durchschnittlich 30 Millionen US-$

Maritime City
exklusive Wohnungen für 80 000 bis 100 000 Einwohner; Bürogebäude, maritime Akademie, Jachthafen, Dienstleistungen rund um den Wassersport

The Palm Deira
dritte künstliche Inselwelt; soll nach Fertigstellung größer sein als Manhattan

Emirate Towers
zwei gegenüberstehende Zwillingstürme; einer mit Hotel, einer mit Büros

Dubai Creek
ein rund elf Kilometer langer Meeresarm, der am westlichen Ufer der Altstadt in den Persischen Golf mündet

Mall of the Emirates
die zur Zeit neueste der 37 Shopping Malls von Dubai; mit eigener Indoor-Skipiste

Burj Califa
das höchste Gebäude der Welt ist 828 Meter hoch

Konfliktstoff Erdöl

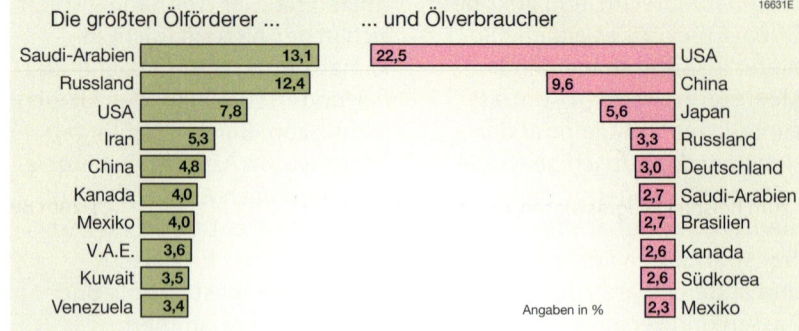

M2 Erdölförderung und Erdölverbrauch (2008)

M1 Krieg für Öl – brennendes Ölfeld im 2. Golfkrieg (1990/1991)

Regionale Konflikte zwischen Ländern der Region führten auch zu großen wirtschaftlichen Rückschlägen. Allein der Irak war zwischen 1980 und 2003 in drei Kriege verwickelt, die nicht zuletzt wegen des strategischen Rohstoffes Erdöl geführt wurden.

Die auf der Arabischen Halbinsel liegenden Golfstaaten haben sich aufgrund ihrer politischen und wirtschaftlichen Gemeinsamkeiten im „Rat für Zusammenarbeit der Golfstaaten" zusammengeschlossen. Durch seinen Ölreichtum stellt der Rat eine wirtschaftlich und politisch starke Kraft dar. Als Mitglieder der OPEC (Organisation der erdölexportierenden Länder) haben die Golfstaaten maßgeblichen Einfluss auf die Wirtschaftsentwicklung in der Welt. Durch die Erhöhung bzw. Drosselung ihrer Fördermengen beeinflussen sie den Ölpreis auf allen internationalen Ölmärkten.

Verwendung von Erdöl

Das alles kann man zum Beispiel aus Erdöl herstellen: Treibstoffe (für Autos, Schiffe und Flugzeuge), Heizöl (für Haushalte und Kraftwerke), Schmieröle, Teer, Industriegase, Düngemittel, Kunststoffe, Waschmittel, Kunstfasern (zum Beispiel für Bekleidung), Farben, Computerchips, Plastikstühle, Gartentische, Einkaufstaschen, Medikamente, Lippenstifte, Kaugummi und vieles mehr.

Info

OPEC

Sitz:	Wien
Ziel:	Koordinierung der Erdölpolitik in den Förderstaaten und Stabilisierung der Weltmarktpreise
Mitglieder:	Algerien, Angola, Libyen, Iran, Irak, Saudi-Arabien, Kuwait, Katar, VAE, Nigeria, Venezuela, Indonesien

Aufgaben

1 Nenne die Länder, die Erdöl fördern und die Länder, die am meisten Erdöl verbrauchen (M2).

2 Berichte über die Organisation OPEC (Text, Info).

3 Begründe, warum die Erdölwirtschaft starke Auswirkungen auf das Ökosystem der Golfregion hat (M3).

Besondere Flora in flachen Küstenbereichen

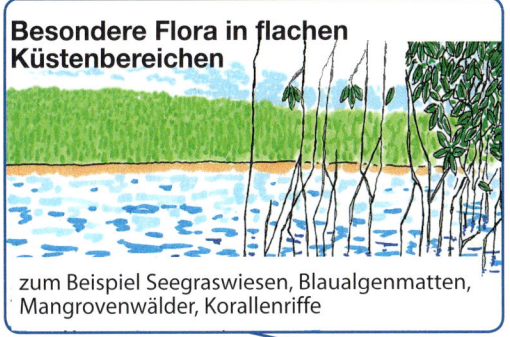

zum Beispiel Seegraswiesen, Blaualgenmatten, Mangrovenwälder, Korallenriffe

Reichtum an Fischen und anderen Meerestieren

zum Beispiel Garnelen, Sardinen, Makrelen, Austern, Perlmuschelbänke

Verletzliche Ökosysteme

Reichtum an Vögeln

zum Beispiel Flamingos, Pelikane, Reiher, Kormorane, Raststätte für Zugvögel

Weitere schützenswerte Tiere

zum Beispiel Schildkröten, Seekühe, Delfine

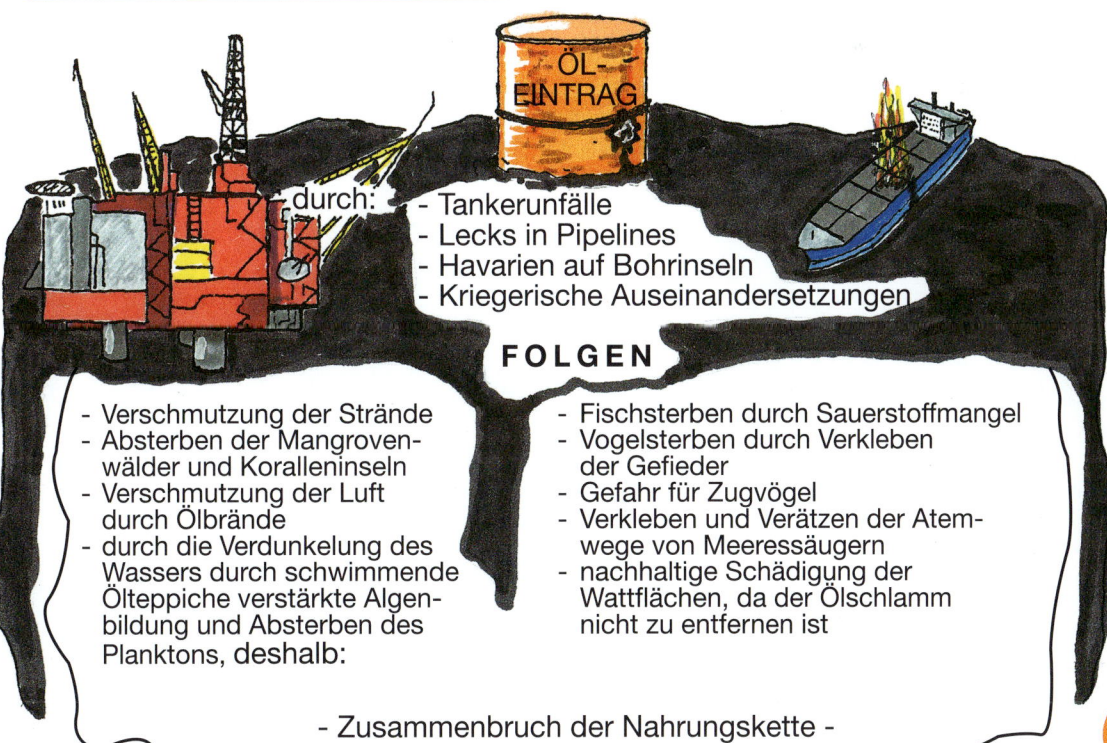

ÖL EINTRAG

durch:
- Tankerunfälle
- Lecks in Pipelines
- Havarien auf Bohrinseln
- Kriegerische Auseinandersetzungen

FOLGEN

- Verschmutzung der Strände
- Absterben der Mangrovenwälder und Koralleninseln
- Verschmutzung der Luft durch Ölbrände
- durch die Verdunkelung des Wassers durch schwimmende Ölteppiche verstärkte Algenbildung und Absterben des Planktons, deshalb:

- Fischsterben durch Sauerstoffmangel
- Vogelsterben durch Verkleben der Gefieder
- Gefahr für Zugvögel
- Verkleben und Verätzen der Atemwege von Meeressäugern
- nachhaltige Schädigung der Wattflächen, da der Ölschlamm nicht zu entfernen ist

- Zusammenbruch der Nahrungskette -

Bio

M3 Folgen der Erdölwirtschaft für Natur und Mensch

Ein Land – zwei Kulturräume

Herkunftsland	2008	Anteil in %
Deutschland	4 415 525	16,8
Russland	2 879 278	10,9
Großbritannien	2 169 924	8,2
Bulgarien	1 255 343	4,8
Niederlande	1 141 580	4,3
Iran	1 134 965	4,3
Frankreich	885 006	3,4

M1 Touristen in der Türkei

www.ratgeber-tuerkei.de

Die Türkei wird zu Recht als Brücke zwischen Europa und dem Orient bezeichnet. Dies ist natürlich nur ein Bild. Es will ausdrücken, dass in enger Nachbarschaft von zwei unterschiedlichen Kulturen, die Türkei eine Vermittlerrolle für ein besseres gegenseitiges Verständnis übernehmen kann.

Allein schon die geographische Lage der Türkei stattet das Land für diese besondere Rolle aus. Die Türkei hat Anteil an zwei Kontinenten und verbindet Europa mit Asien jenseits der schmalen Meerengen des Bosporus und der Dardanellen.

Istanbul, am Bosporus gelegen, ist dabei die einzige Stadt, die auf zwei Kontinenten erbaut wurde. Die 1620 Meter lange Bosporus-Brücke verbindet den europäischen und den asiatischen Teil der Stadt und gehört zu den längsten Hängebrücken der Welt.

Aufgaben

1 Nenne die Nachbarstaaten der Türkei (Atlas).

2 Ordne die Nachbarstaaten nach ihrer Zugehörigkeit zu Europa und zum Orient.

3 Erkläre, warum die Türkei als Brücke zwischen Europa und dem Orient bezeichnet werden kann.

Info

Reiseland Türkei

Wie kaum ein anders Land im östlichen Mittelmeerraum hat sich die Türkei zu einem der beliebtesten Reiseländer entwickelt. Die Deutschen belegen in der Reisestatistik mit Abstand den ersten Platz.
Angelockt durch die Exotik orientalischer Märkte in quirligen Städten, die Zeugnisse einer reichen antiken Kultur oder die traumhaft schönen Strände an der Ägäis und am Mittelmeer verbringen jährlich Millionen Touristen ihre Ferien im Land. An der „türkischen Riviera" drängen sich Hotelanlagen und Feriendörfer.

M2 Bosporus-Brücke – Symbol der Verbindung von Orient und Europa

Die Türkei – ein vielfältiges Land

Straßenszene in Istanbul

Chefin in einem Architekturbüro in Istanbul

In einem Dorf in der Provinz Şirnak

Frau beim Sieben von Getreide

Hotel in Antalya

Männer vor einem Kaffeehaus

M3 In der Westtürkei

M4 In der Osttürkei

Aufgaben

4 **Nenne Gründe für die Attraktivität der Türkei als Reiseland. Denke auch an die Lage und das Klima. Berichte, wenn möglich, von eigenen Erfahrungen.**

5 **Berichte über die Stadt Istanbul (Text, Internet).**

6 **Vergleiche das Leben im Westen und Osten der Türkei.**

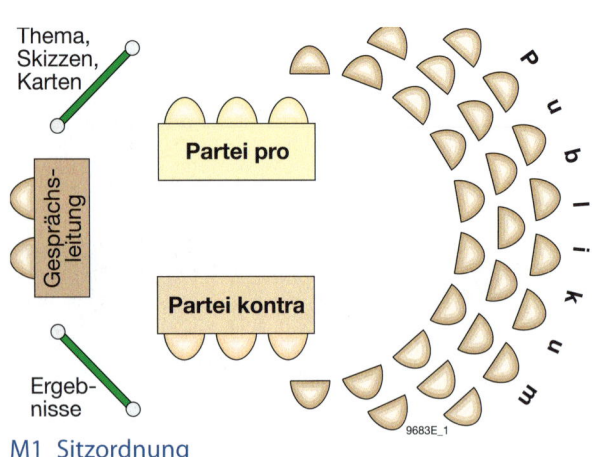

Thema, Skizzen, Karten

Gesprächs-leitung

Partei pro

Partei kontra

Ergeb-nisse

P u b l i k u m

9683E_1

M1 Sitzordnung

Aufgabe

1 **Führt eine Pro-und-Kontra-Diskussion zum Thema:
„Vor und Nachteile des Assuan-Staudammes" durch.**

So geht ihr vor

Vorbereitung

1. Macht euch mit dem Thema vertraut.
2. Bildet Gruppen für beide Positionen.
3. Sammelt Material und erarbeitet Argumente.
4. Bestimmt eine/n Sprecher/in der Gruppe und eine/n Gesprächsleiter/in.
5. Richtet euer Klassenzimmer für die Diskussion ein (M1).

Durchführung

1. Begrüßung des Publikums durch die/den Gesprächsleiter/in.
2. Nennen des Themas, Vorstellen der Gesprächsteilnehmer, Erklären des Ablaufes.
3. Vortragen von Argumenten in Rede und Gegenrede.
4. Zusammenfassen der Ergebnisse der Pro-und-Kontra-Diskussion.

100 000 Menschen mussten für den neuen Stausee ohne volle Entschädigung aus ihrer Heimat umsiedeln.

Zahllose verborgene Tempel und Schätze unserer Vorfahren sind für immer in den Fluten des Stausees versunken.

Der Nilschlamm lässt den Stausee verlanden.

Jährlich gehen den Bauern Tausende Hektar Ackerland verloren.

Die Bauern müssen in immer größerem Umfang teuren Dünger einsetzen. Das schmälert wesentlich den Ertrag ihrer Arbeit.

Der Düngereinsatz beschleunigt die Bodenversalzung, wodurch viele Anbauflächen verloren gehen.

Da die Kanäle ganzjährig unter Wasser stehen, breiten sich Wurmkrankheiten aus. Früher vernichtete das Trockenfallen die Erreger.

Im Delta dringt durch die eingeschränkte Sedimentablagerung des Nil das Meer 30 Meter im Jahr ins Land vor.

Nach dem Bau des Damms geht an den Uferbereichen wertvolle Ackerfläche durch Erosion verloren.

Die Umsiedler bekamen neue Felder und Dörfer mit besserer Infrastruktur.

Wichtige touristisch attraktive Tempelanlagen aus dem Überflutungsgebiet wie Abu Simbel sind in höheren Lagen wieder aufgebaut worden.

Der im Stausee geplante Speicherraum für Nilschlamm reicht noch 500 Jahre.

Die Schlammaufschlickung betrifft seit alters her nur das tief liegende Ackerland – das sind 17 Prozent des Bewässerungslandes.

Der steigende Düngerverbrauch ist eine Folge der Intensivierung des Anbaus.

Die Versalzung ist vor allem das Ergebnis der Vernachlässigung der notwendigen Drainage durch die Bauern.

Die Häufigkeit der Wurmerkrankungen geht durch medizinische Maßnahmen und verbesserte Trinkwasserversorgung ständig zurück.

Ein Küstenschutzprogramm sichert mit dem Bau von Betonwällen die bedrohten Bereiche an der Küste.

Der Damm schützt die Bevölkerung des Niltals vor Überflutungskatastrophen.

Durch die gesicherte Bewässerung gab es seither keine Hungerkatastrophen.

M2 Vor- und Nachteile des Aussuan-Staudammes

Gewusst – gekonnt

1 In der Wüste unterwegs

a) Löse das Pyramidenrätsel.

1 „Grüne Insel" in der Wüste
2 „Schwarzes Gold"
3 Längster Fluss Afrikas
4 Nutztier der Wüste
5 Sonnenhöchststand
6 Trockengebiet

b) Die große Palmenfrage:
Was können Oasenbewohner alles von mir nutzen?

Lösungswort

Das kannst du jetzt:

2 Ein Begriff muss raus.

Suche in den Zuordnungen jeweils den Begriff, der nicht dazu passt.

a) Erdöl, Tanker, Dubai, Deltamündung, OPEC, Energieträger, Bohrturm
b) Dattelpalme, Assuan, Flussoase, Bewässerung, Staudamm, Pyramide
c) Totes Meer, Pipeline, Persischer Golf, Nil, Nassersee, Jordan, Euphrat

– den Orient als Kulturraum beschreiben,
– das Zusammenwirken von Klima – Wasser – Vegetation am Beispiel der Wüste Sahara erläutern, dabei ein Satellitenbild lesen,
– die Bedeutung des Wassers für das Leben und Wirtschaften an Beispielen nachweisen, dabei Nutzungskonflike aufzeigen,
– Erdöl als Wirtschaftsfaktor und Konfliktstoff analysieren.

Du kannst dabei folgende Fachbegriffe anwenden:
Passat, Wüste, Oase

3 Hier haben sich Begriffe versteckt.

Setze mindestens sieben Wörter zusammen:
Oase, Sand, Schlamm, Golf, Bild, Karawane, Wasser, Region, Sturm, Nil, Satelliten, Passat, Wind, Grund, Kamel

Am Ende dieses Kapitels kannst du:

– die Zone der Tropen beschreiben,
– Merkmale der Savannen und des tropischen Regenwaldes analysieren sowie das Leben und Wirtschaften der Menschen beschreiben,
– die Folgen einer zu starken Nutzung mithilfe einer Kausalkette aufzeigen,
– Merkmale von Entwicklungsländern am Beispiel beschreiben,
– Statistiken lesen.

M1 Vielfalt in Afrika südlich der Sahara

51

Räumliche Orientierung

Kulturraum Schwarzafrika

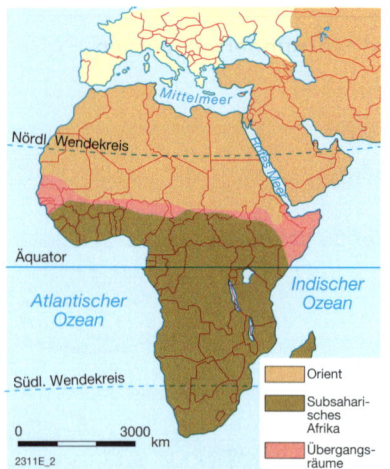

M1 Kulturräume Afrikas

Der Kontinent Afrika hat sich kulturell unterschiedlich entwickelt. Der nördliche Teil gehört zum Orient. Südlich der Sahara beginnt das subsaharische Afrika oder der Kulturraum Schwarzafrika. Der Übergang zwischen beiden Kulturräumen ist fließend.

Im Vergleich zum Orient sind die Menschen hier eher dunkelhäutig. In den Staaten, die zu Schwarzafrika zu zählen sind, werden über 2 000 Sprachen und Dialekte gesprochen. Die Sprachen der ehemaligen Kolonialherren (Französisch, Englisch, Portugiesisch) sind heute noch Amts- oder Schulsprachen.

Der Islam ist in Schwarzafrika verbreitet. Viele Afrikaner bekennen sich aber auch zum Christentum. Daneben verehren sie Ahnen und Naturgottheiten.

Ein Großteil der schwarzafrikanischen Bevölkerung wohnt auf dem Land in kleinen traditionellen Dörfern. Die meisten Familien leben von der Landwirtschaft und versorgen sich selbst. In den allermeisten ländlichen Gebieten sind die Lebensbedingungen sehr schwierig. Deshalb verlassen viele Bauern ihre Heimat und hoffen auf ein besseres Leben in den Städten oder im Ausland.

Info

Kiswahili (auch Kisuaheli)

So heißt eine in Afrika weit verbreitete einheimische Sprache. Sie ist zum Beispiel offizielle Landessprache in Kenia, während Englisch nach wie vor noch Handelssprache ist. Obwohl Kiswahili an den Schulen überall Pflichtfach ist, kann man besonders in ländlichen Gebieten durchaus auch Menschen treffen, die allein ihre Stammessprache sprechen.

Wenn in Nigeria ein Hausa oder Fulbe aus dem Norden bei seinem Besuch der Hauptstadt einen Abstecher an die Küste des Atlantischen Ozeans macht, kann es passieren, dass er sich dort mit den Fischern oder Bauern nicht verständigen kann, weil sie Edo, die Sprache ihrer ethnischen Gruppe, sprechen. Er muss also erst einen ‚Dolmetscher‘ finden. Die hier lebenden Fischer und Bauern haben andererseits keine Schwierigkeiten, sich mit ihren ‚Nachbarn‘ jenseits der Grenze, in Benin, zu verständigen, da dort ebenfalls Edo leben.“

(Nach: E. Broszinsky-Schwabe: Kultur in Schwarzafrika, Freiburg 1988, S. 274)

Aufgaben

1 **Beschreibe den Kulturraum südlich der Sahara.**

2 **Erkläre, weshalb europäische Sprachen die Amtssprachen afrikanischer Völker sind.**

   Arbeitsheft

M2 Beim Hirsestampfen in einem afrikanischen Dorf

M3 Im Elendsviertel am Rande Nairobis (Kenia)

Raum mit Problemen

Nachrichten, die aus Ländern Schwarzafrikas kommen, berichten meist von Krisen und Problemen: Piraten kapern vor der somalischen Küste riesige Schiffe, im südlichen Afrika ist ein Viertel der Bevölkerung mit Aids infiziert. Länder wie die D.R. Kongo werden häufig von Bürgerkriegen heimgesucht. Die großen Städte gelten wegen ihrer hohen Kriminalität als unsichere Orte. Dazu kommen natürliche Katastrophen wie Dürren oder Überschwemmungen.

M5 Camp für Bürgerkriegsflüchtlinge in der D.R. Kongo

Was geht uns Europäer das an?

Ein Blick auf die Geschichte Afrikas zeigt, dass Europäer, Amerikaner und auch Araber einen großen, häufig negativen Einfluss ausgeübt haben. In den vergangenen JahrHunderten wurden Menschen als billige Arbeitskräfte versklavt. Weite Landstriche wurden entvölkert.

Im 19. Jahrhundert haben die Kolonialmächte den Kontinent unter sich aufgeteilt. Bodenschätze wurden ausgebeutet. In den Kolonien wurde alles den wirtschaftlichen und militärischen Interessen der Kolonialmächte untergeordnet.

M4 Ein Kolonialherr lässt sich von Sklaven über eine Plantage tragen

In den 1960er-Jahren wurden viele afrikanische Länder unabhängig. Die Kolonialmächte hinterließen eine nur gering entwickelte Infrastruktur. Sie hatten nur wenig in die Ausbildung der afrikanischen Bevölkerung investiert. An der Verwaltung ihrer eigenen Länder war die afrikanische Bevölkerung bis dahin kaum beteiligt. Dies alles waren schwierige Voraussetzungen für einen Neubeginn. In vielen Ländern kam es darum bald zu Armut, Chaos und Krieg.

Die Industrieländer haben den afrikanischen Ländern seitdem gewaltige finanzielle Mittel zur Verfügung gestellt. Genauso wichtig ist aber Hilfe zur Selbsthilfe.

Ge

Aufgaben

3 Nenne Probleme der Staaten südlich der Sahara und Ursachen für diese Probleme (Text).

4 Sammle aktuelle Meldungen über das subsaharische Afrika. Sortiere nach Themenbereichen.

Die Zone der Tropen

Tropical Island

Mitten in Brandenburg befindet sich in der größten freitragenden Halle der Welt die größte Tropenlandschaft Europas. Zu erleben ist hier ein tropischer Regenwald, den man auf einem langen Pfad durchlaufen kann. Ein Tropendorf mit sechs landestypischen Häusern aus Thailand, Borneo, Bali, Samoa, Kenia und der Amazonasregion vermittelt Eindrücke aus tropischen Urlaubsregionen. Sandstrände und Lagunen laden zum Baden in das größte Schwimmbad Europas ein.

M1 Die Sonne befindet sich genau senkrecht über dem Gebiet. Dies ist am Schattenwurf der Palme erkennbar.

Tropen, damit verbinden wir oft Wärme und paradiesische Strände. Die tropische Zone erstreckt sich zwischen den beiden Wendekreisen (23,5 ° n. Br. bis 23,5° s. Br.). Der Name stammt vom griechischen Wort tropè (= Sonnenwende).

Nur in den Tropen kann die Sonne genau senkrecht auf die Erdoberfläche einstrahlen, das heißt, im Zenit stehen. Zwischen den Wendekreisen „wandert" die Sonne scheinbar immer hin und her (M2).

Die Ursache dafür ist die Bewegung der Erde um die Sonne. Bei ihrer Umkreisung (der Revolution) behält die Erde ihre Erdachsneigung immer bei. Dabei wird im Sommer mehr die Nordhalbkugel und im Winter stärker die Südhalbkugel beschienen.

Die Niederschlagsmengen sind in den Tropen unterschiedlich verteilt. Deshalb gibt es feuchte, wechselfeuchte und trockene Gebiete. In den wechselfeuchten Tropen treten Regen- und Trockenzeiten auf.

Aufgaben

1 Beschreibe die Lage der Tropen.
2 Erkläre, weshalb es unterschiedliche Beleuchtungszonen auf der Erde gibt.

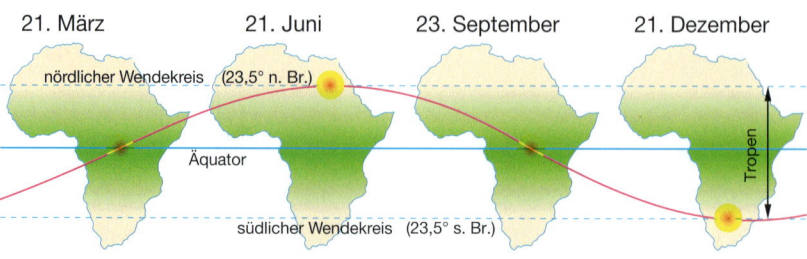

M2 Das Wandern des Zenitstandes der Sonne über Afrika im Jahresverlauf

7630E_1

Klima- und Vegetationszonen	Luftmassen	Satellitenbild
① Passatklimazone Zone der Wüsten und Halbwüsten	ganzjähriges Wirken der trocken-heißen Passatluft	
② Zone des tropischen Wechselklimas Zone der Savannen <ul><li>Dornstrauchsavanne</li><li>Trockensavanne</li><li>Feuchtsavanne</li></ul>	Wechsel der feucht-heißen Äquatorialluft (Juli: Regenzeit) und der trocken-heißen Passatluft (Januar: Trockenzeit)	
③ Äquatorialklimazone Zone des tropischen Regenwaldes	ganzjähriges Wirken der feucht-heißen Äquatorialluft	

M3 Zusammenhänge zwischen Luftmassen – Klima – Vegetation

Luftmassen prägen Klimazonen

Die natürlichen Verhältnisse werden in den Tropen sehr stark von den vorherrschenden Luftmassen beeinflusst.
Die ausgeprägtesten und beständigsten Windgürtel sind dort die Äquatorialluft (heiß und feucht) und die Nordpassatluft (heiß und trocken). In den Gebieten am Äquator und an den Wendekreisen herrscht das ganze Jahr über dieselbe Luftmasse vor. Dadurch entstehen die stetigen Klimazonen Äquatorialklima und Passatklima.

Dazwischen liegt das tropische Wechselklima. Es ist eine Zone, in der im Jahresverlauf die Luftmassen wechseln. Hier wirkt im Sommer die feuchte Äquatorialluft (dann ist Regenzeit) und im Winter die trockene Passatluft (dann ist Trockenzeit). Die Ursache für den Wechsel liegt darin, dass mit dem Wandern des Zenitstandes der Sonne im Verlaufe eines Jahres sich auch die Luftmassen um einige Breitengrade verschieben.

Aufgaben

3 Beschreibe die Merkmale der Luftmassen.

4 Begründe, weshalb sich die Lage der Windgürtel jahreszeitlich um einige Breitengrade verschiebt.

Arbeitsheft

55

In den wechselfeuchten Tropen

Savannen – Grasländer Afrikas

Südlich der Wüste Sahara nehmen die Niederschläge allmählich zu. Hier befinden sich die großen Grasländer Afrikas, die Savannen. In ihnen leben auch die meisten Menschen des Kontinents. Anders als in Deutschland fallen in den Savannen die Niederschläge nur zu einer bestimmten Zeit.

In den Savannen gibt es keine Jahreszeiten wie bei uns, sondern einen Wechsel von Regen- und Trockenzeit.

In der Trockenzeit leiden Menschen, Tiere und Pflanzen unter dem Wassermangel. Die Gräser verdorren und die Büsche und Bäume werfen ihre Blätter ab. Für einige Monate wird die Savanne gelb.

Wenn der Regen einsetzt, oft mit heftigen Gewittern, dann erwacht die Natur und das Leben. Ursache für die Ausbildung der drei Savannenarten (M2) ist die unterschiedliche Dauer der Regenzeit.

M1 Zusammenhänge zwischen Klima – Wasser – Vegetation

Dornstrauchsavanne	Trockensavanne	Feuchtsavanne
Übergangsraum zur Wüste; hier liegt in Afrika die Sahelzone.	Raum zwischen Dornstrauchsavanne und Feuchtsavanne	Übergangsraum zum tropischen Regenwald
Pflanzen Dornsträucher/Dornbäume (Akazien), an einzelnen Stellen kniehoher Grasbewuchs	*Pflanzen* einzelne Bäume (Akazien, Affenbrotbäume), Sträucher, dichter mannshoher Grasbewuchs	*Pflanzen* an Flüssen bereits Wälder, größere Sträucher, übermannshoher Grasbewuchs

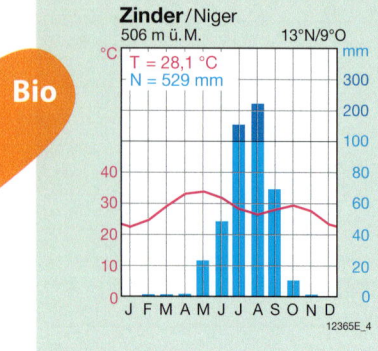

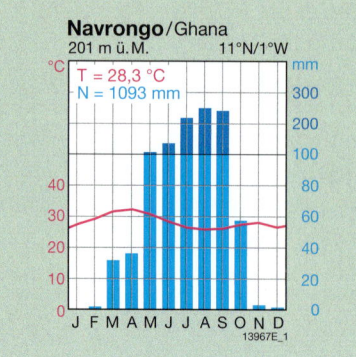

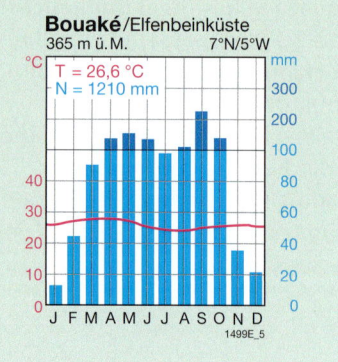

Zinder / Niger
506 m ü. M.   13°N/9°O
T = 28,1 °C
N = 529 mm

Navrongo / Ghana
201 m ü. M.   11°N/1°W
T = 28,3 °C
N = 1093 mm

Bouaké / Elfenbeinküste
365 m ü. M.   7°N/5°W
T = 26,6 °C
N = 1210 mm

Bio

M2 Savannenarten – Zusammenhänge zwischen Klima und Vegetation

M3 Feuer in der Savanne

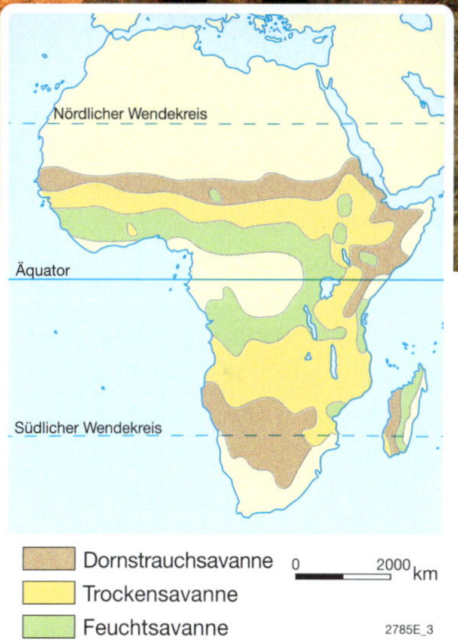

Feuerlandschaft Savanne

In Gebieten mit Trockenzeiten brennt es fast regelmäßig, so auch in den Savannen. Durch Blitzschlag ausgelöste Feuer spielen hier aber eher eine untergeordnete Rolle. Vielmehr legt der Mensch gezielt in der Trockenzone Feuer, um das Grasland von abgestorbenem Pflanzenmaterial zu befreien. Etwa alle ein bis drei Jahre geht ein Großteil der Savannen Afrikas und anderer Kontinente in Flammen auf.

Gras und Gestrüpp verwandeln sich dabei in Asche, die Nährstoffe für die später neu sprießende Vegetation bereithält. Zahlreiche Pflanzen und Tiere haben sich dem regelmäßig auftretenden Feuer in den Savannen weitgehend angepasst. Zum Problem wird das Feuer für die Menschen, wenn es Siedlungen bedroht und wirtschaftlichen Schaden anrichtet.

Nördlicher Wendekreis

Äquator

Südlicher Wendekreis

Dornstrauchsavanne · 0 — 2000 km

Trockensavanne

Feuchtsavanne · 2785E_3

M4 Die Zone der Savannen in Afrika

Aufgaben

1 Beschreibe die Verbreitung der Savannen (M4, Atlas).

2 Nenne die drei Savannenarten und beschreibe den Zusammenhang zwischen Klima, Wasser und Vegetation (M2).

3 In der Savannenlandschaft wird gezielt Feuer gelegt. Erkläre.

Arbeitsheft

M5 Termitenhügel

M6 Wassertank im Stamm – der Baobab (Affenbrotbaum) kann bis zu 20 000 Liter Wasser speichern.

Kindsein in der Savanne

M1 Khadija Ouadreogo ist 13 Jahre alt und lebt in Samba, einem Dorf, das etwa 200 Kilometer von der Hauptstadt Burkina Fasos, Ouagadougou, entfernt ist.

In der Trockensavanne regnet es nur sehr selten. Es gibt keine asphaltierten Straßen, keine Elektrizität und keine Geschäfte. Khadija erzählt:

„Meine Mutter, meine sechs Geschwister und ich leben alle gemeinsam in einer Hütte. Es ist recht eng. Manchmal besucht uns mein Vater. Er hat noch zwei weitere Frauen und viele Kinder. Wir sind Muslime, aber wie viele unserer Verwandten glauben wir auch an Naturgeister.

Seit ich sieben Jahre alt bin, gehe ich in die zehn Kilometer entfernte Schule. Dort habe ich in unserer Amtssprache, das ist Französisch, lesen und schreiben gelernt. Meine Mutter ist sehr stolz auf mich. Sie selbst spricht nur den Dialekt unseres Stammes, lesen und schreiben hat sie nie gelernt. Schon nächstes Jahr werde ich die Schule verlassen und heiraten. Als ich fünf Jahre alt war, hat mich mein Großvater dem Sohn einer befreundeten Familie versprochen. Meinen Kindern werde ich das beibringen, was mir meine Mutter gezeigt hat: wie man Hühner füttert, Hirse zerstampft und die Gärten bebaut. Aber auch, wie man sich schön macht oder Pflanzen als Medikamente verwendet. Hoffentlich dringt die Wüste nicht immer weiter vor und zwingt uns, irgendwann Samba zu verlassen."

Aufgabe

1 **Beschreibe das Leben Khadijas und vergleiche es mit dem Leben eines 13-jährigen Mädchens in Deutschland.**

M2 Unterwegs zum Markt

M3 Markt in Djibo, Burkina Faso

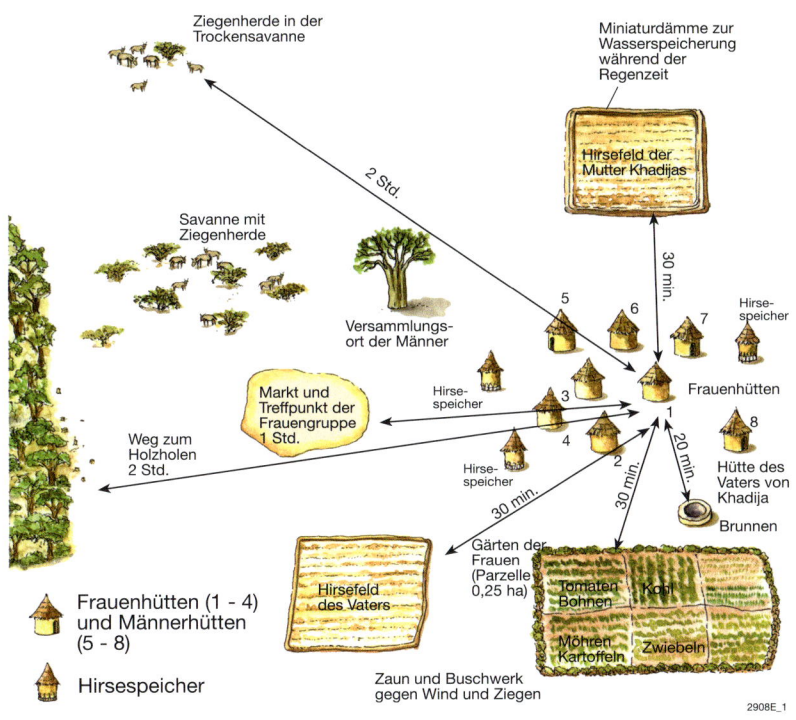

Ziegenherde in der Trockensavanne

Miniaturdämme zur Wasserspeicherung während der Regenzeit

Hirsefeld der Mutter Khadijas

2 Std.

30 min.

Savanne mit Ziegenherde

Versammlungsort der Männer

5   6   7   Hirsespeicher

Markt und Treffpunkt der Frauengruppe 1 Std.

Hirsespeicher

3   1   Frauenhütten

8

Weg zum Holzholen 2 Std.

4   2   20 min.

30 min.   30 min.   20 min.

Hirsespeicher

Hütte des Vaters von Khadija

Brunnen

Gärten der Frauen (Parzelle 0,25 ha)

Frauenhütten (1 - 4) und Männerhütten (5 - 8)

Hirsefeld des Vaters

Tomaten Bohnen   Kohl

Möhren Kartoffeln   Zwiebeln

Hirsespeicher

Zaun und Buschwerk gegen Wind und Ziegen

2908E_1

M4 Afrikanische Frauen müssen weite Wege gehen

Tagesablauf einer Frau in der Savanne

Safiatou Ouadreogo, Khadijas Mutter, ist 35 Jahre alt. Wie die meisten Frauen in Schwarzafrika sieht sie ihre Aufgabe darin, zu arbeiten, Kinder zu bekommen und ihre Familie zu ernähren. Dazu besitzt sie ein eigenes Feld, einen Garten und verfügt über eigenes Haushaltsgeld.

Der Tag von Frau Ouadreogo beginnt im Morgengrauen mit dem Gang zu dem zwei Kilometer entfernten Brunnen. In einem Wasserkrug trägt sie etwa 25 Liter Wasser nach Hause. Dann macht sie Feuer und bereitet das Frühstück vor.

Am frühen Vormittag arbeitet sie auf ihrem Feld, im Garten oder hütet die Ziegen. Anschließend bearbeitet sie die Hirsefelder im Hackbau.

Kein Dorfbewohner besitzt Maschinen oder einen Pflug, sie sind zu teuer und ihr Einsatz würde die Austrocknung des Bodens beschleunigen. Daher ist die Hacke ihr einziges Arbeitsgerät. Nach der Feldarbeit sucht Frau Ouadreogo Brennholz, holt Wasser und bereitet nach Sonnenuntergang Hirsebrei, eine scharfe Soße und Gemüse für das Abendessen vor. Gegen 21 Uhr endet ihr Arbeitstag.

Seit zwei Jahren ist Safiatou Mitglied einer Frauengruppe, die von der „Welthungerhilfe", einer deutschen Hilfsorganisation, unterstützt wird. Die Frauen lernten, wie der Boden besser mit Wasser versorgt und der Gemüseanbau intensiviert werden kann. Inzwischen können sie sogar schon Gemüse auf den Märkten verkaufen.

Aufgaben

2 Nenne die Aufgaben und Tätigkeiten einer afrikanischen Bäuerin in der Savanne.

3 Kaufe in einem Dritte-Welt-Laden 500 Gramm Hirse. Zerstampfe sie zu Mehl und koche sie kurz auf. Lasse sie dann etwa 30 Minuten ausquellen. Rühre oft um, damit sie nicht anbrennt. Zum Hirsebrei isst man Papayas, Mangos oder andere Früchte.

M5 Bei der Feldarbeit

M6 Beim Brennholzholen

Die Tropen und Afrika südlich der Sahara

Touristische Nutzung der Savannen

Urlaub in Ostafrika

Ostafrika, insbesondere Kenia, ist ein beliebtes Touristenziel. Die Urlauber erwartet eine große natürliche Vielfalt: palmenbewachsene Sandstrände, Wüsten- und Savannengebiete und auch Regenwälder.

Einen Höhepunkt jeder Keniareise stellt eine Tier-Safari durch den Nationalpark Massai Mara dar (M2).

Unermesslich reich ist hier die Tierwelt. Doch Probleme bleiben nicht aus. Die unzähligen Safari-Busse zerfurchen den Boden und zerstören die verletzliche Grasnarbe der Trockensavanne.

Massai Mara, wie der Name schon sagt, gehört eigentlich den Massai, einer Volksgruppe mit einer halbnomadischen Lebensweise. Durch den Tourismus hat sich die traditionelle Lebensweise der Massai aber schon verändert. Gegen Bezahlung bieten sie Touristen einen Einblick in ihre „exotische Kultur".

www.kenia-facts.de

M1 Massai mit Touristin

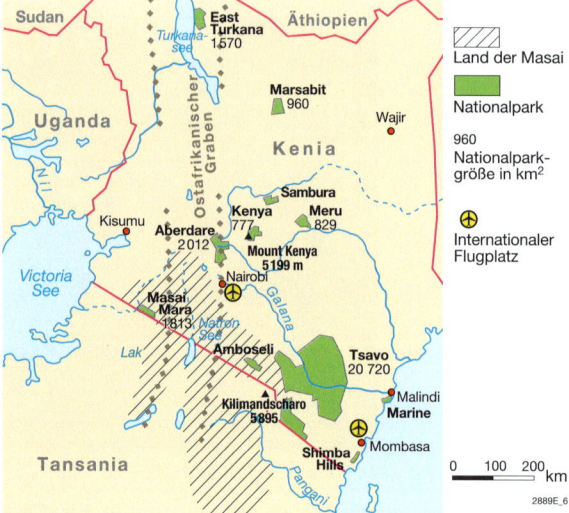

M2 Kenia – Nationalparks

Land der Masai
Nationalpark
960 Nationalparkgröße in km²
Internationaler Flugplatz

Aufgaben

1 Erläutere, weshalb Ostafrika für Europäer ein beliebtes Reiseziel ist. Nutze dazu auch Reisekataloge. Gestalte ein Poster.

2 Erkläre, weshalb der Kilimandscharo als das „Dach Afrikas" bezeichnet wird.

Info

Musik

Giraffen in der Savanne am Kilimandscharo

Der Kilimandscharo – das „Dach Afrikas"

Im Grenzgebiet zwischen Kenia und Tansania erhebt sich der mit 5 895 Metern höchste Berg Afrikas. Obwohl er in den Tropen liegt und noch dazu ein Vulkan ist, ist er ganzjährig von Schnee bedeckt. Jährlich besteigen ihn ca. 20 000 Touristen. Bergsteigerisches Können ist dafür nicht nötig, aber durch die Strapazen in sauerstoffarmer Luft erreicht nur jeder zweite den Gipfel. Auf dem Weg nach oben müssen viele Klimazonen durchquert werden – so als würde man eine Wanderung von Zentralafrika bis an den Nordpol unternehmen.

M3 Wasserstelle in der Trockenzeit im Etoscha-Nationalpark

M4 Namibia – Lage des Etoscha-Nationalparks

Etoscha-Nationalpark

Der Etoscha-Nationalpark liegt in den Savannen Namibias und ist eines der bedeutendsten Wildschutzreservate der Welt. Bereits 1907 wurde er gegründet, um den reichen Tierbestand vor der Ausrottung durch Jäger zu bewahren. Diese machten Geschäfte mit Elfenbein und Nashorn. Der Park wurde mit einem 1 640 Kilometer langen Zaun umgeben, sodass sich der Wildbestand erholen konnte.

Das Herz des Nationalparks bildet die Etoscha-Pfanne (in der Sprache der hier lebenden Ovambo: „großer weißer Platz"). Sie ist ein 5 000 km² großer ausgetrockneter, vegetationsloser Salzsee, der sich in der Regenzeit kurzzeitig mit Wasser füllen kann. An seiner Südseite liegen etwa 30 Quellen und Wasserlöcher.

Hier kann der überaus große Reichtum an Säugetieren und Vogelarten beobachtet werden. In der Trockenzeit versammeln sich Tausende Tiere an den Wassertümpeln.

Verhaltensregeln für Besucher des Nationalparks

- Die Einfahrt ist nur zwischen Sonnenauf- und Sonnenuntergang erlaubt.
- Motorrädern und offenen Fahrzeugen wird kein Einlass gewährt.
- Die Fahrbahnen zu verlassen oder auszusteigen, ist verboten.
- Die Geschwindigkeitsbegrenzung von 60 km/h ist einzuhalten.
- Übernachtungen sind nur in den Lodges erlaubt.
- Die Mitnahme von Haustieren sowie Luftbüchsen, Katapulten und unplombierten Schusswaffen ist verboten.

Aufgaben

3 Beschreibe Lage und Bedeutung des Etoscha-Nationalparks.

4 Informiere dich über Verhaltensregeln. Begründe ihre Notwendigkeit.

Die Sahelzone – gefährdeter Natur- und Lebensraum

Eine natürliche und kulturelle Übergangszone

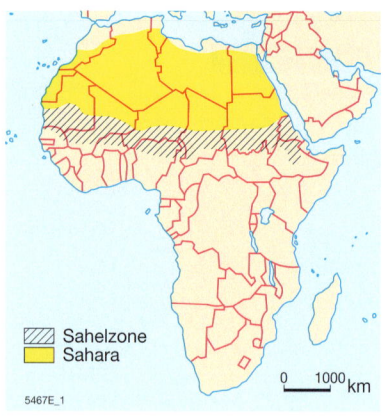

M1 Die Sahelzone südlich der Sahara

http://artikel.schuelerlexikon.de/Geografie/Sahelzone.htm

Als Sahelzone wird eine etwa 200 bis teilweise 800 Kilometer breite Landschaft bezeichnet, die sich vom Atlantischen Ozean bis nach Ostafrika erstreckt (M1).
Sie stellt die Übergangszone von der Wüste Sahara zur Dornstrauchsavanne dar, wobei die Grenzen im Norden und im Süden fließend sind.
Nomadische Wüstenbewohner gaben der Zone ihren Namen „El-Sahil" (arab. Ufer). Für sie war das Gebiet ein rettendes „Ufer", weil sie hier Weidegebiete mit Wasserstellen für ihre Viehherden vorfanden.

Über lange Zeiträume stellte die Sahelzone ein wirtschaftliches und kulturelles Bindeglied zwischen den arabischen Zentren im Orient (Marokko, Tunesien, Ägypten) und dem schwarzafrikanischen Kulturbereich dar. Ein reger Tauschhandel erfolgte über ein gut organisiertes Wegenetz von Oase zu Oase. Die Sahelzone ist traditionell ein wichtiges Weidegebiet für die nomadischen Viehzüchter der Savannen. Dort, wo ausreichend Regen fällt, wird auch Ackerbau betrieben (M5).

Aufgaben

1 Beschreibe die Lage der Sahelzone.
2 Berichte über die Nutzung der Sahelzone.

M2 Rundhütten in der Sahelzone

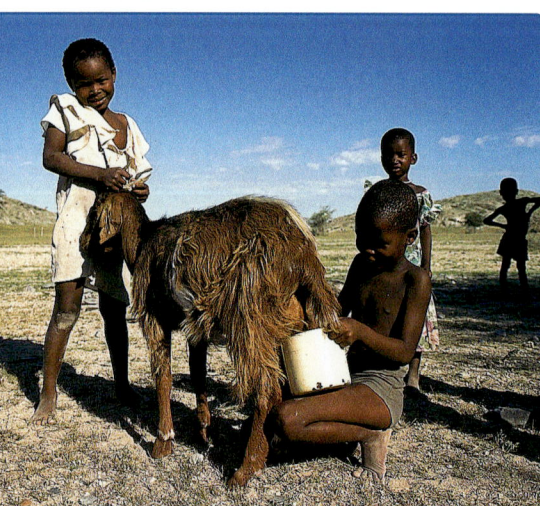

M3 Kinder melken eine Ziege

M4 Dorf in Mali in der Sahelzone

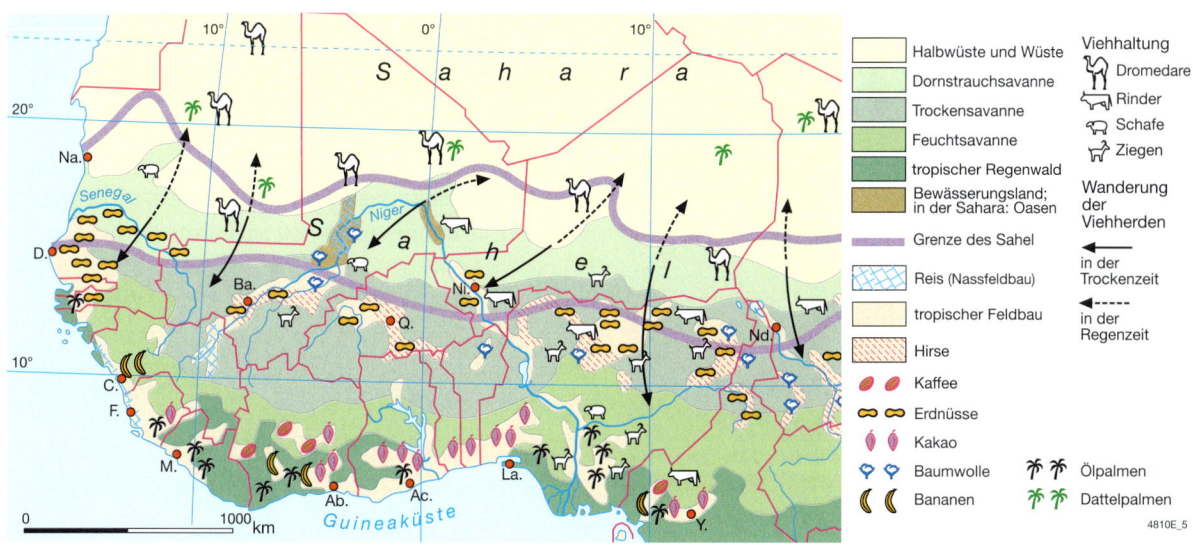

Legende:

Halbwüste und Wüste	
Dornstrauchsavanne	
Trockensavanne	
Feuchtsavanne	
tropischer Regenwald	
Bewässerungsland; in der Sahara: Oasen	
Grenze des Sahel	
Reis (Nassfeldbau)	
tropischer Feldbau	
Hirse	

Kaffee
Erdnüsse
Kakao
Baumwolle
Bananen

Viehhaltung
Dromedare
Rinder
Schafe
Ziegen

Wanderung der Viehherden
in der Trockenzeit
in der Regenzeit

Ölpalmen
Dattelpalmen

4810E_5

M5 Landnutzung und Wirtschaft in der Sahelzone

Wandern mit dem Regen

Im nördlichen Teil der Sahelzone leben insbesondere Nomaden (Wanderhirten). Sie haben sich an die natürlichen Gegebenheiten angepasst. Mit ihren Viehherden ziehen sie im jahreszeitlichen Wechsel von Regen- und Trockenzeit auf festgelegten Routen von Weideplatz zu Weideplatz mit entsprechender Wasserstelle.

Da die Ziegen-, Schaf- und Rinderherden das Gras rasch abfressen, sind die Nomaden zum ständigen Wechsel der Weideplätze gezwungen.
Vor allem in Dürrejahren ziehen sie weit nach Süden. Dabei kommt es zu Konflikten zwischen ihnen und den am Südrand der Sahelzone sesshaften Ackerbauern. Der Konflikt um Wasserstellen führt in manchen Regionen sogar zum Bürgerkrieg.

„Die Nomaden sind schlimmer als Heuschrecken! Wo sie vorbeiziehen wächst kein Gras mehr! Und unsere Brunnen haben nicht genug Wasser, dass es auch für ihre riesigen Herden reichen würde. Und wie oft habe ich erlebt, dass sie ihre Kühe absichtlich in unsere fast reifen Hirsefelder treiben, weil sie dort Nahrhafteres zu fressen finden als auf den Weiden. Das ruiniert uns, denn die Böden sind sowieso nicht mehr so fruchtbar wie früher. Wir brauchen die Flächen, um unsere Familien zu ernähren. Um unsere Kosten zu decken, müssen wir außerdem Erdnüsse und Baumwolle anbauen, die wir verkaufen können. Deshalb ist es umso wichtiger, dass die wenigen Flächen, die uns für den Hirseanbau bleiben, nicht noch verwüstet werden."
(Nach: Bericht eines Bauern aus der Sahelzone)

Aufgabe

3 Erkläre, von welchen Bedingungen die Wanderung der Nomaden abhängt.

Holzsammlerin in der Sahelzone

Info

Mangelware Holz

Holz ist der wichtigste Brennstoff in den Ländern der Sahelzone. Auch als Baumaterial ist Holz unentbehrlich. Die Frauen und Kinder sind ständig auf Holzsuche. Die Umgebung der Dörfer ist aber bereits abgeholzt. So müssen sie weit laufen, um Bäume zu finden, und immer häufiger werden auch grüne Äste oder junge Bäume abgeschlagen. Die Männer betreiben den Handel mit Holz in Städten. Holz ist in der Sahelzone mittlerweile so kostbar geworden wie Wasser.

Eingriffe des Menschen

Aufgaben

1 Begründe, warum Nomaden ständig auf Wanderschaft sind.

2 Zeige Zusammenhänge auf zwischen: großen Herden – Überweidung – Zerstörung der Pflanzendecke – Desertifikation – Tiefbrunnen – Bevölkerungswachstum

Übernutzung durch Viehwirtschaft

In mancher Regenzeit fällt im Sahel nur wenig oder gar kein Niederschlag. Während einer Dürre ziehen die Nomaden nicht weit nach Norden, sondern bleiben mit ihren Herden lange am selben Ort.

Da sich die Bevölkerung in der Sahelzone in den letzten Jahrzehnten mehr als verdoppelt hat, sind die Herden außerdem sehr groß geworden.

... und Folgen

Die Tierherden fressen alles kahl. Das Gras kann nicht mehr schnell genug nachwachsen. Um die Herden mit Wasser zu versorgen, haben die Nomaden zusätzliche Brunnen gegraben. Wegen der hohen Wasserentnahme sinkt der Grundwasserspiegel und die wenigen Bäume sterben ab. Dort, wo nichts mehr wächst, dringt die Wüste weiter vor. Die Wüstenwinde der Sahara haben kaum Mühe, den ungeschützten Boden fortzutragen. Wo vor wenigen Jahren noch Herden grasten, türmen sich nun meterhohe Wanderdünen auf.

Fächerübergreifendes Projekt

M1 Nomaden mit Vieh an einer Wasserstelle in der Dornstrauchsavanne

M2 Dürre in der Sahelzone

Übernutzung durch Ackerbau ...

Am südlichen Rand der Sahelzone kann während der Regenzeit Hackbau betrieben werden. Die Hackbauern roden dann die spärliche Vegetation, verbrennen die Äste und Büsche und verwenden die Asche zur Düngung. Anschließend säen sie Hirse aus und hoffen auf Regen, der nicht jedes Jahr in ausreichender Menge zur Verfügung steht. Wegen des Bevölkerungswachstums in der Sahelzone wurden die Anbauflächen ständig vergrößert. Sie dehnen sich inzwischen in Gebiete aus, die für den Ackerbau nicht geeignet sind.

Neben Hirse für den Eigenbedarf werden auch die Exportkulturen Erdnuss und Baumwolle angebaut.

... und Folgen

Aber schon nach wenigen Jahren gehen die Ernteerträge zurück. Der Boden ist ausgelaugt und die Bauern wandern weiter (Wanderfeldbau). Die natürliche Gras-, Busch- und Strauchvegetation wächst nicht mehr nach.

Wenn die Feldflächen dann verlassen werden, weil sie unfruchtbar geworden sind, tragen Wind und Wasser den schutzlosen Boden fort. Man spricht von Bodenerosion. Bleibt der Regen aus, durchziehen Trockenrisse den Boden. Eine kahle, nackte Wüste bleibt zurück. Man-made-desert oder Desertifikation sagen die Wissenschaftler dazu. Das ist die vom Menschen geschaffene Wüste. Der Lebensraum für Mensch und Tier wird immer kleiner.

M3 Arbeiten auf einem Erdnussfeld im Senegal

Staat	Bevölkerung in Millionen				
	1970	1980	1990	2000	2008
Burkina Faso	5,38	6,96	8,99	11,95	15,2
Mali	5,48	6,86	9,21	10,69	12,7
Niger	4,17	5,59	7,73	10,08	14,7
Sudan	15,5	18,7	27,3	35,08	39,4

M4 Entwicklung der Bevölkerung in ausgewählten Ländern der Sahelzone

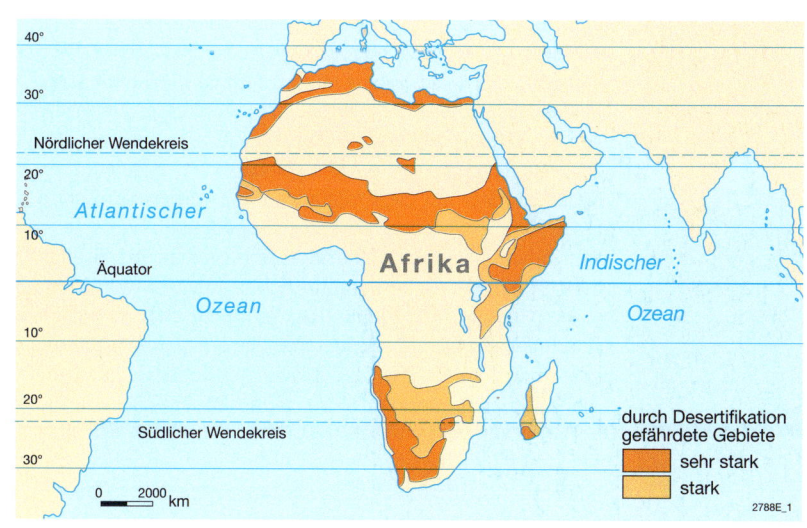

durch Desertifikation gefährdete Gebiete

- sehr stark
- stark

2788E_1

M5 Verbreitung der von Desertifikation gefährdeten Gebiete Afrikas

M6 Erosionsschluchten

Sanje – ein Dorf in Burkina Faso: Hoffnung durch Dämme

M1 Verteilung von Hilfsgütern

Hilfe zur Selbsthilfe

In der Sahelzone treten häufig Dürren auf. Dann kommt es zu Hungersnöten und die Menschen sind auf Hilfe aus anderen Teilen der Erde angewiesen. Um sie dauerhaft bei der Überwindung der Probleme zu unterstützen, ist Entwicklungszusammenarbeit als Hilfe zur Selbsthilfe bedeutsam.

Aufgaben

1 Ein Ausspruch der Bewohner der Sahelzone lautet: „Gebt uns keine Fische, sondern eine Angel zum Fischen." Erläutere, was damit gemeint ist.

2 Berichte über die Erfolge im Dorf Sanje.

3 Fertige eine Kausalkette zu einem selbst gewählten Thema an.

Arbeitsheft

Bau von Steinwällen

Der Erfolg der Arbeit

Aus einem Gespräch mit Dorfbewohnern:
„Seit drei Jahren sehen wir wieder mit Optimismus in die Zukunft. Mit der Hilfe von Landwirtschaftsexperten haben wir gelernt, ‚Wasserbremsen' anzulegen. In den Abflussrinnen und Erosionsschluchten bauten wir aus Steinen und einem Drahtgeflecht Querriegel. Diese Steinwälle tragen zum Beispiel dazu bei, dass sich in der ausgewaschenen Schlucht in nun ruhigem Wasser die feinen Bodenbestandteile absetzen und der fortgespülte Boden ersetzt wird. Nach ein paar Jahren könnten wir auf der bislang unbrauchbaren Fläche ein neues Feld anlegen, das über mehrere Jahre gute Ernten verspricht. An den Rand der Dämme wurden Bäume gepflanzt. Als der erste Regen einsetzte, säten wir Hirse und Bohnen. Drei Monate später hat die Ernte auch die Zweifler in unserem Dorf von dieser neuen Methode überzeugt.
Wir haben viel von unseren Beratern gelernt. Inzwischen haben in einem Gebiet von 6 000 km² über 330 000 Menschen neue Hoffnung gefunden. Wenn wir auch weiterhin Zuschüsse für Geräte, Saatgut und den Kauf junger Bäume bekommen, können wir in den nächsten Jahren noch mehr Anbauflächen zurückerobern. Nun können wir auch die Verbesserung der schulischen Ausbildung und der ärztlichen Versorgung in Angriff nehmen. Wir planen, unser Schulgebäude und die Krankenstation zu renovieren. So wollen wir auch den Kampf gegen Aids gewinnen."

METHODE

So gehst du vor

1. Markiere im Text wichtige Begriffe oder Aussagen.

2. Notiere die Begriffe oder Aussagen stichwortartig auf Zetteln.

3. Ordne nun die Zettel so, dass eine logische Folge (zum Beispiel Ursache – Wirkung) entsteht. Kennzeichne die Reihenfolge mit Zahlen.

4. Schreibe die Stichwörter nacheinander auf und verbinde die Aussagen mit Pfeilen. Diese haben die Bedeutung: „bewirkt", „hat zur Folge".

5. Sind mehrere Gründe für eine Wirkung verantwortlich, so verbinde die Aussagen mit einem Pluszeichen.

> Die Folge ist …

| Grundwasserspiegel sinkt |
| Wasser fehlt |
| Hungersnot |
| Büsche und Gräser vertrocknen |
| Boden ist schutzlos dem Wind ausgeliefert |
| Boden wird abgetragen |
| Wüste dehnt sich aus |
| Bau von Tiefbrunnen |
| Motorpumpen fördern viel Wasser |

Tiefbrunnen mit Motorpumpen und Folgen

Mit Sorge blicken die Dorfältesten in den einzigen Brunnen, der sie und ihre Nachbarn in einem Umkreis von zehn Kilometern mit Wasser versorgt. Seit Jahren sinkt der Wasserspiegel beständig ab.

„In meiner Jugend förderten wir Wasser aus 20 Metern Tiefe. Heute müssen die Brunnen mindestens 60 Meter tief gegraben werden", sagt einer der Ältesten. „Wann wird unser Brunnen versiegen? Fehlt das Brunnenwasser, dann können wir unsere Gärten nicht bewässern und ohne Gärten droht eine Hungersnot. Die Mango- und Papayabäume, die wir vor 20 Jahren pflanzten, beginnen bereits an Wassermangel zu leiden und tragen kaum noch Früchte. Wenn der Grundwasserspiegel weiter sinkt und die Büsche und Gräser vertrocknen, dann ist der Boden schutzlos und dem heißen Wüstenwind ausgeliefert.

Der Boden wird abgetragen; die Wüste dehnt sich aus.

Viele glauben, dass der Bau von Tiefbrunnen in benachbarten Dörfern und Kleinstädten für die Absenkung des Grundwasserspiegels verantwortlich ist. Die starken Motorpumpen fördern nämlich viel Wasser, mehr als durch die Regenfälle nachfließen kann."

Deu

Bau von Tiefbrunnen + Einsatz starker Motorpumpen
→ Absenkung des Grundwasserspiegels
→ Wassermangel
→ Pflanzen vertrocknen
→ Der Boden verliert seinen Schutz. + Wind
→ Bodenabtragung
→ Ausdehnung der Wüste
→ **Hungersnot** 9197E

M2 Kausalkette

Info

Kausalkette

Eine Kausalkette ist die grafische Darstellung von Ursachen und Folgen eines Problems.

In den feuchten Tropen

M2 Der „grüne Teppich" – tropischer Regenwald

M1 Zusammenhänge zwischen Klima – Vegetation – Wasser – Boden

Verbreitung der tropischen Regenwälder

Die immergrünen Regenwälder der feuchten Tropen erstrecken sich beiderseits des Äquators bis etwa 10 Grad nördlicher und südlicher Breite.

Während sich ca. 58 Prozent des Weltbestandes der tropischen Regenwälder in Süd- und Mittelamerika ausbreiten, befinden sich in Afrika ca. 24 Prozent und in Südostasien etwa 17 Prozent. Neben dem Amazonasbecken in Südamerika ist das Kongobecken in Zentralafrika ein weiteres großes zusammenhängendes Regenwaldgebiet der Erde.

Die Bewohner des Waldes, zu denen auch die Pygmäen gehören, verfügen über ein umfangreiches Wissen über ihren Lebensraum und über die Fähigkeit, sich darin zu orientieren.

Bio

M3 Berggorilla

M4 Kolibri. Seine Flügel schlagen bis zu 80-mal in der Sekunde.

Aufgabe

1 Nenne die Länder, die Anteil an den tropischen Regenwäldern
a) in Süd- und Mittelamerika,
b) in Afrika,
c) in Asien haben.
Nutze dazu M5 und den Atlas.

Arbeitsheft

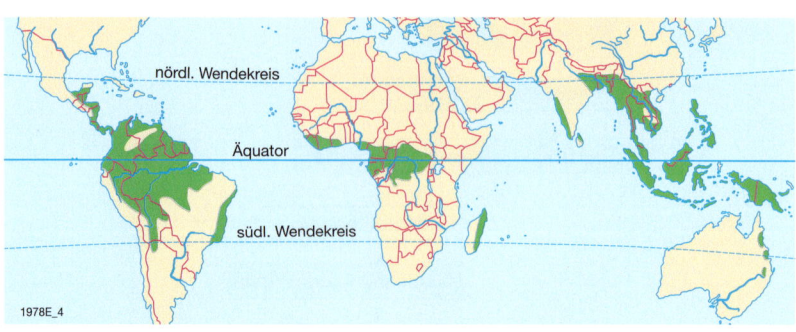

nördl. Wendekreis

Äquator

südl. Wendekreis

1978E_4

M5 Verteilung von tropischen Regenwäldern auf der Erde

Der tropische Regenwald – eine Schatztruhe

... beherbergt 40 – 50% aller Tier- und Pflanzenarten der Erde

Der tropische Regenwald ...

... hält das Weltklima im Gleichgewicht

... liefert Grundstoffe für Kosmetika und Arzneimittel, z. B.:
• Antibiotika
• Hormone

... liefert Nahrungsmittel, z. B.:
• Zuckerrohr
• Mango
• Banane
• Kakao
• Kaffee

... liefert Rohstoffe, z. B.:
• Gummi
• Öle
• Fasern
• Harze
• Rattan

... bildet die Lebensgrundlage für die Ureinwohner (Eier, Wild, Fisch, Früchte, Fasern, Holz)

413E_2

M6 Schatztruhe der Natur – tropischer Regenwald

Aufgaben

2 Der Regenwald wird als Schatztruhe der Natur bezeichnet. Erkläre.

3 Mango, Avocado und Papaya stammen ursprünglich aus dem tropischen Regenwald. Suche nach weiteren tropischen Früchten in einem Supermarkt. Aus welchen Ländern stammen sie?

Tropische Regenwälder liefern eine Vielzahl von Rohstoffen, die überall auf der Welt benötigt werden. Auch unser Leben wäre ohne diese Produkte kaum vorstellbar. Neben vielen Früchten sind es Gewürze wie Zimt, Pfeffer, Muskat, Ingwer oder Curry, die unsere Nahrung geschmacklich verbessern.

Aus den Regenwaldgebieten stammen auch Rohstoffe, die von den Industrieländern dringend benötigt werden. Dazu gehört beispielsweise der Kautschuk, der für die Herstellung von Gummiwaren, für medizinische und hygienische Zwecke sowie für Fahrzeugreifen benötigt wird. Ein weiteres Naturgut ist das Öl von Kokos- und Ölpalmen. Daraus wird zum Beispiel Margarine hergestellt. Tropische Edelhölzer sind in den Industrieländern sehr begehrt. Daher sind sie für einige Staaten des Regenwaldes ein wichtiges Exportgut.

Viele Pflanzen aus dem Regenwald haben eine heilende Wirkung. Aus ihren Wirkstoffen werden bei uns Arzneimittel gewonnen, so zum Beispiel das Chinin, aus dem ein Medikament gegen Malaria hergestellt wird.

www.faszination-regenwald.de

M7 Zimt

M8 Mango

M9 Avocado

M10 Papaya

M1 Nach einem Gewitter über dem tropischen Regenwald

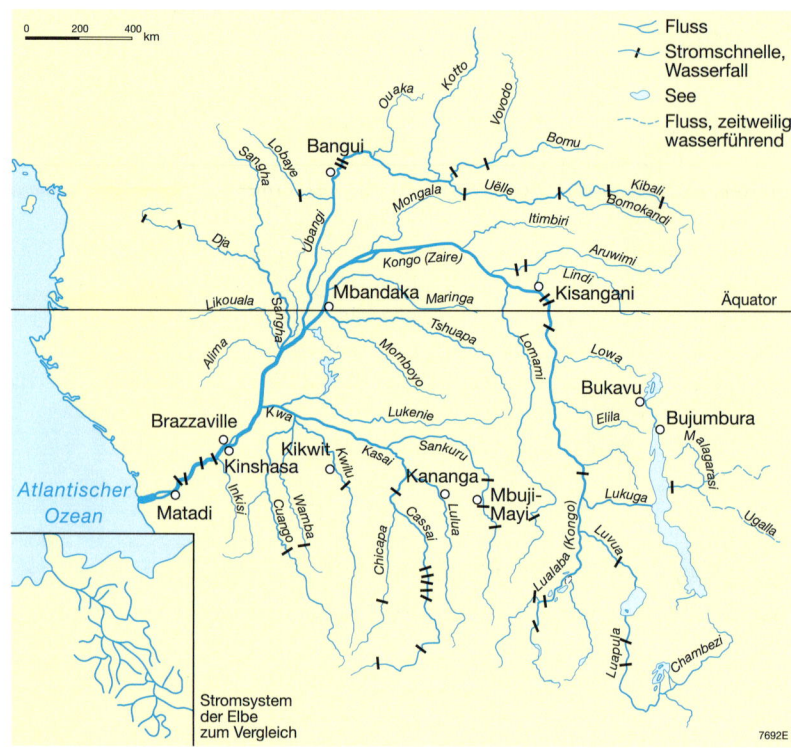

M2 Das Stromsystem des Kongo

Ein Tag im tropischen Regenwald

Luis aus Kamerun schreibt einem deutschen Freund: „Jeden Morgen werde ich um sechs Uhr von meiner Mutter geweckt. Die Sonne geht gerade auf. Eben war es noch richtig dunkel und jetzt scheint die Sonne schon hell und warm.

Über dem Regenwald hängen Nebelschwaden. Es sieht aus, als würde der Wald dampfen. Unterwegs auf dem Weg zur Schule wird es immer heißer. Unsere Schule hat nur kleine Fenster, damit wir unter den hohen Temperaturen nicht so sehr leiden. Bald wird es richtig schwül. Wenn der Unterricht zu Ende ist, haben sich riesige Wolkentürme über dem Regenwald gebildet. Wir rennen schnell nach Hause, denn bald geht ein gewaltiges Gewitter los. Es regnet fast immer zur gleichen Zeit. Wenn ich mich mit meinen Freunden verabrede, sagen wir immer: ‚Wir sehen uns nach dem Regen'. Oft sind die Wege und Plätze nach dem Gewitter überflutet. Ein großer Teil des Wassers gelangt in die Flüsse" (M2).

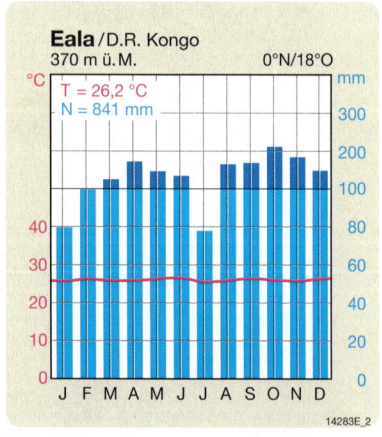

M3 Klimadiagramm von Eala

Aufgaben

1 Beschreibe den täglichen Verlauf des Wetters im tropischen Regenwald (Text, M1). Vergleiche mit einem Tag in Deutschland.

2 Begründe, warum unser Klima als Jahreszeitenklima und das Klima im tropischen Regenwald als Tageszeitenklima bezeichnet wird.

Üppiges Pflanzenwachstum

Die tropischen Regenwälder werden auch als „grüne Hölle" bezeichnet, denn sie erscheinen undurchdringlich und lebensfeindlich. Charakteristisch für den Regenwald ist ein Stockwerkbau aus verschieden hohen Sträuchern und Bäumen (M6). Das dichte Blätterdach der oberen Baumschicht wird von bis zu 70 Meter hohen Bäumen überragt. Diese „Urwaldriesen" besitzen Brettwurzeln, die viele Meter hoch sind. Sie sorgen dafür, dass die riesigen Bäume standfest sind. Schlingpflanzen (Lianen) spannen sich von Baum zu Baum, Moose hängen herab und Orchideen blühen in voller Schönheit.

Jahreszeiten wie bei uns gibt es im Regenwald nicht. Die Bäume werfen ihre Blätter im Verlauf des Jahres zu unterschiedlichen Zeiten ab. Neue Blätter wachsen nach. So erscheint der Wald immergrün.

M4 Orchideenblüten

M5 Baum mit Brettwurzeln

Info

Dichte Wälder auf armen Böden

Der Boden des tropischen Regenwaldes lebt vor allem von abgestorbenen Pflanzenresten, die im feuchtwarmen Klima schnell vermodern. Blätter, Äste und umgestürzte Bäume werden von einem Heer von Kleinstlebewesen zerkleinert. Die dabei entstehenden Nährstoffe gelangen mit dem Regen in den Boden und werden von den Wurzeln der Pflanzen aufgenommen. 80 Prozent der Nährstoffe werden in kurzer Zeit an die Bäume zurückgegeben, 20 Prozent gehen im Boden verloren.

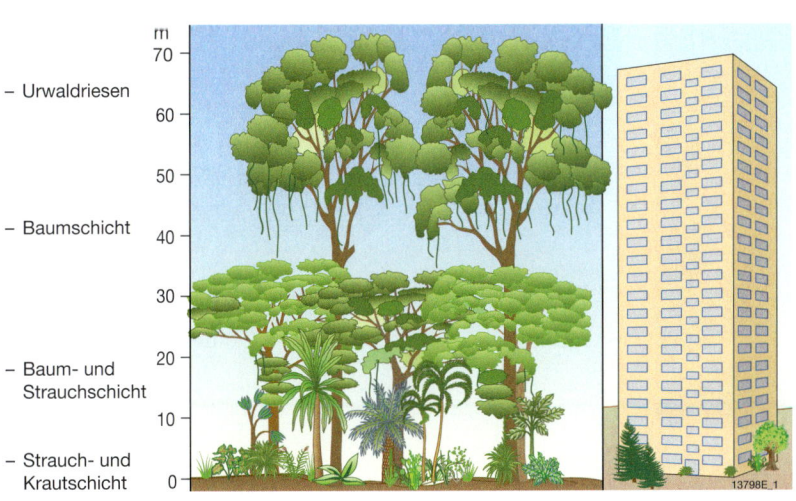

M6 Stockwerkbau im tropischen Regenwald

Aufgaben

3 Beschreibe den Stockwerkbau des tropischen Regenwaldes.

4 Vergleiche den tropischen Regenwald mit unseren Wäldern.

Ackerbau im Regenwald

Aufgaben

1 Erläutere den Unterschied zwischen Wanderfeldbau, Landwechselwirtschaft und Dauerfeldbau (Text).

2 Informiere dich über die Bedeutung von Maniok für die Ernährung (Internet).

Arbeitsheft

Meine Vorfahren streiften durch den Regenwald, um Tiere zu jagen und Früchte zu sammeln. Um alle ernähren zu können, mussten sie auch Ackerbau betreiben. Vor Beginn der Regenzeit wurde eine kleine Waldfläche abgebrannt. Zwischen den verkohlten Baumstümpfen bohrten die Frauen mit dem Grabstock Löcher in den Boden, um Knollenfrüchte anzupflanzen. Die Asche lieferte Dünger für die Pflanzen. Wenn der Boden ausgelaugt war, zog unsere Sippe weiter und begann an einer anderen Stelle Hütten zu bauen und den Wald für ein Feld zu roden.

(Nach: Bericht eines Stammesältesten über den Wanderfeldbau)

Heute wird nur noch in den entlegensten Regenwaldgebieten Wanderfeldbau betrieben. In den Gebieten, die besser erschlossen sind, wurde der Wanderfeldbau von der Landwechselwirtschaft abgelöst. Sie wird von festen Wohnsitzen aus betrieben. In jedem Jahr werden andere Früchte auf den Feldern angebaut. Nach einigen Jahren der Nutzung werden die Felder aufgegeben. Innerhalb von 10–15 Jahren erholt sich auf diesen Feldern der Wald. Im Boden sammeln sich neue Nährstoffe an.

Die Menschen sind in einigen Teilen des Regenwaldes dazu übergegangen, die Felder im Dauerfeldbau zu bewirtschaften. Bei dieser Form der Landwirtschaft werden die Früchte (wie Maniok) Jahr für Jahr auf demselben Feld angebaut. Hierzu werden die Regenwälder großflächig gerodet und die Baumstümpfe vollständig entfernt.

Da die Felder dauerhaft bewirtschaftet werden, kann sich der Boden nicht regenerieren. Die Erträge werden von Jahr zu Jahr geringer.

M1 Maniokernte

M2 Fläche im Regenwald nach Brandrodung

M3 Hackbauern in Zentralafrika

M4 Ölpalmfrüchte. Das Öl wird aus dem Fruchtfleisch gewonnen und dient der Margarineherstellung.

M5 Ölpalmplantage

Bäume in Reih und Glied – auf der Kuroku-Plantage in Ghana

Eine kilometerlange Asphaltstraße führt eine Journalistengruppe durch eine Anlage, in der, so weit das Auge reicht, Kakaobäume in Reih und Glied stehen. Im Zentrum dieser Plantage liegen das Verwaltungsgebäude und Verarbeitungsanlagen für Kakaobohnen. Bill Morton, der Manager, berichtet über den landwirtschaftlichen Großbetrieb: „Unsere Plantage ist 10 000 Hektar groß und beschäftigt 200 Arbeiterinnen und Arbeiter. Wir gehören einem amerikanischen Fruchtkonzern, der neben Kakao- auch Bananen- und Ölpalmplantagen besitzt.

Auf der Plantage wachsen ausschließlich Kakaobäume. Die Bäume tragen etwa zwanzig Jahre lang Früchte, dann müssen sie durch neue ersetzt werden. Jede Kakaofrucht enthält 30 bis 40 Bohnen, die in unseren Anlagen vorbehandelt werden.

Danach werden sie an Großhändler in Europa und den USA verkauft und dort zum Beispiel zu Schokolade oder Schoko-Getränken weiterverarbeitet.

Der Bedarf an Plantagenprodukten auf dem Weltmarkt steigt. Deshalb will der Besitzer die Fläche und die Zahl seiner Plantagen auch auf anderen Kontinenten vergrößern. Die Umweltorganisationen befürchten jedoch, dass dadurch noch mehr Regenwälder vernichtet werden."

Plantagen – Anlagen, so weit das Auge reicht

In vielen Ländern des tropischen Regenwaldes gibt es Plantagen mit Flächen von mehreren Tausend Hektar. Sie gehören oft großen internationalen Firmen, die das nötige Geld haben, um Rodungen durchzuführen. Auf einer Plantage wird auf großen Flächen nur eine Nutzpflanze in Monokultur für den Export angebaut.

Wichtige Plantagenpflanzen sind Kakao, Kaffee, Ananas, Ölpalmen und Bananen. Monokulturen sind für Schädlinge und Krankheiten sehr anfällig. Die Ernte wird mit Pflanzenschutzmitteln gesichert, die sehr giftig sind. Sie verseuchen die Böden und das Grundwasser. Auch die Gesundheit der Plantagenarbeiter ist stark gefährdet.

M6 Kakaofrucht

Aufgaben

3 Begründe, warum die Zahl der Plantagen zunimmt.

4 Fertigt ein Plakat zu einem Plantagenprodukt an. Nutzt dazu Lexika und das Internet.

73

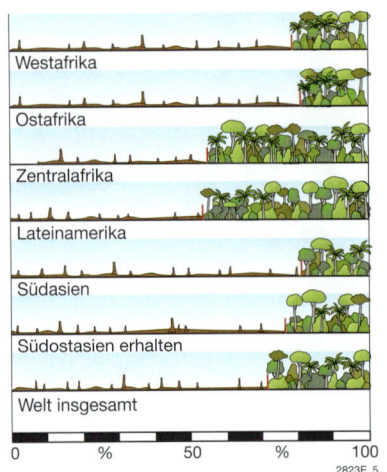

Aufgaben

1 Schildere die Schwierigkeiten beim Fällen von Edelhölzern im tropischen Regenwald (M1, Text).

2 Begründe, warum die Holznutzung im Regenwald oft als „Raubbau" bezeichnet wird.

M1 Abtransport des Holzes auf Dschungelpisten zu den Sägewerken

M2 Brettwurzelbaum: in 300 Jahren gewachsen, in 20 Minuten gefällt

Westafrika

Ostafrika

Zentralafrika

Lateinamerika

Südasien

Südostasien erhalten

Welt insgesamt

0   %   50   %   100

2823E_5

M3 Anteil der noch vorhandenen Regenwälder

Raubbau am tropischen Regenwald

Nicht nur Plantagen schaden dem Regenwald. Die unberührte Natur wird auch durch Abholzung empfindlich gestört. Große Unternehmen aus Japan, Südkorea, Europa und den USA betreiben planmäßigen Holzeinschlag. Zunächst werden Schneisen in den Wald geschlagen. Raupenschlepper schieben dann die flach wurzelnden, kleineren Bäume mühelos beiseite. Das Holz dieser Bäume ist für die Papierindustrie bestimmt. Die Urwaldriesen werden mit starken Motorsägen gefällt. Der Stamm wird zerteilt und zu den Häfen transportiert. Äste, Zweige und Rinde bleiben liegen und vermodern.

Naturschützer kontra Vertreter der Holzindustrie

Naturschützer beklagen diesen Raubbau. Schwere Maschinen vernichten in der Umgebung eines gefällten Baumes die übrigen Pflanzen und schädigen den Boden. Wertvoller Wald geht durch den Wegebau verloren. Eigentlich müssten die Regenwälder weltweit unter Naturschutz gestellt werden.

Das sehen Vertreter der Holzindustrie ganz anders. Sie argumentieren so: Weil nur einzelne Bäume gefällt werden, bleibt der Schaden für den Wald gering. Durch den Verkauf des Holzes erhalten die armen Länder in den Tropen Geld.

Der Bergbau ist für mehrere Arten der Umweltverschmutzung verantwortlich. Schuld hierfür ist einerseits das fehlende Wissen über die Auswirkungen von bestimmten Abbaumethoden und die Verwendung von Chemikalien. Andererseits ist so gut wie kein Geld für den Schutz der Umwelt vorhanden. Die Folgen sind fatal.

(Nach: Eirene Rundbrief 3/2008)

Aufgaben

3 Ermittle mithilfe des Atlas acht Bodenschätze im Gebiet der tropischen Regenwälder.

4 Erläutere Probleme, die mit dem Abbau der Bodenschätze verbunden sind.

Tropischer Regenwald und Elektronikgeräte – wie passt das zusammen?

In einem Computer, Handy oder MP3-Player sind Metalle enthalten, die im Regenwald einiger Länder des subsaharischen Afrikas abgebaut werden. Wichtige Rohstoffe sind zum Beispiel Kobalt und Zinn. Deren Abbaugebiete befinden sich in der Provinz Katanga der D.R. Kongo und in Sambia. Sehr viele Kinder arbeiten in den Minen. Die Armut treibt sie in den Bergbau. Weltweit steigt die Nachfrage nach den Edelmetallen für Elektronikgeräte.

In den Bergbauregionen des tropischen Regenwaldes aber kommt es zu weitreichenden Umweltproblemen. So werden für den Zinnabbau, aber auch zur Förderung von Bauxit riesige Waldflächen abgeholzt. Die im Umkreis der Minen lebenden Menschen müssen mit verschmutztem Wasser und verseuchten Böden leben. Durch die Zerstörung der Natur verlieren sie vielfach ihre Nahrungs- und Einkommensquellen.

M4 Abbau von Bauxit. Aus Bauxit wird Aluminium hergestellt.

M5 Bau einer Erdölpipeline durch den tropischen Regenwald in Kamerun

M1 Mischkultur aus Bananen, Mais, Kaffee und Erdnüssen

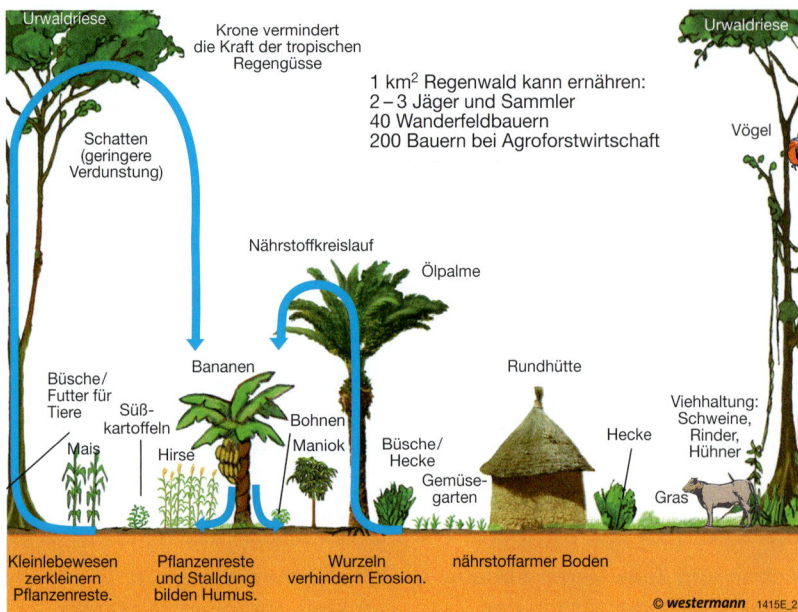

Urwaldriese

Krone vermindert die Kraft der tropischen Regengüsse

1 km² Regenwald kann ernähren:
2 – 3 Jäger und Sammler
40 Wanderfeldbauern
200 Bauern bei Agroforstwirtschaft

Urwaldriese

Vögel

Schatten (geringere Verdunstung)

Nährstoffkreislauf

Ölpalme

Büsche/ Futter für Tiere

Bananen

Rundhütte

Süß- kartoffeln

Bohnen

Viehhaltung: Schweine, Rinder, Hühner

Mais

Hirse

Maniok

Büsche/ Hecke

Hecke

Gemüse- garten

Gras

Kleinlebewesen zerkleinern Pflanzenreste.

Pflanzenreste und Stalldung bilden Humus.

Wurzeln verhindern Erosion.

nährstoffarmer Boden

© westermann 1415E_2

M2 Nutzpflanzen in Mischkultur (Agroforstwirtschaft)

Nachhaltiges Wirtschaften – Ackerbau

Aufgabe

1 Erläutere die von Dr. Abegunde aufgezeigten Schutzmaßnahmen.

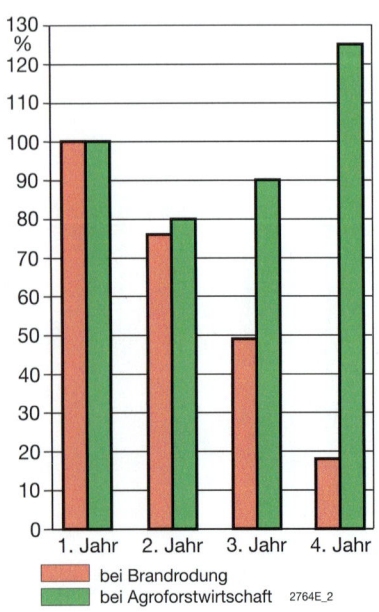

130 %
120
110
100
90
80
70
60
50
40
30
20
10
0

1. Jahr 2. Jahr 3. Jahr 4. Jahr

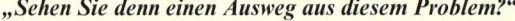

bei Brandrodung
bei Agroforstwirtschaft   2764E_2

M3 Erträge auf Böden des tropischen Regenwaldes

„Herr Abegunde, wie beurteilen Sie die Lage der Regenwälder in Afrika?"

„Die Situation ist dramatisch! Viele Länder Zentralafrikas haben schon über die Hälfte ihrer Regenwälder verloren; in Nigeria sind es über 90 Prozent der ursprünglichen Fläche. Es wird ein wahrer Raubbau an der Natur unseres Kontinents betrieben."

„Wo liegen denn die Gründe für diese dramatische Entwicklung?"

„Zum einen wird der Wald von Firmen zur Holzgewinnung und zur Anlage von Plantagen gerodet. Angesichts der wachsenden Bevölkerung sind es aber auch viele landlose Bauern, die den Wald roden."

„Sehen Sie denn einen Ausweg aus diesem Problem?"

„Wir müssen zu einer nachhaltigen Wirtschaftsweise finden. Das heißt, wir dürfen unser Land nur so nutzen, dass es keinen Schaden nimmt und auch noch unseren Kindern zur Verfügung steht.

Die Kleinbauern könnten Agroforstwirtschaft betreiben. Dabei werden nicht alle großen Bäume gerodet und es werden unterschiedliche Nutzpflanzen in Mischkultur angebaut, sodass der natürliche Stockwerkbau nachgeahmt wird. Es könnten auch Edelholzplantagen in nachhaltiger Forstwirtschaft bewirtschaftet werden. Hier wird für jeden gefällten Baum ein neuer gepflanzt. Schließlich könnten die Menschen in Europa unseren Wald schützen, indem sie zum Beispiel nur Produkte aus Holz nutzen, das aus nachhaltigem Anbau stammt."

(Interview mit Dr. Wole Abegunde, einem nigerianischen Experten für Landwirtschaft der Universität Lagos)

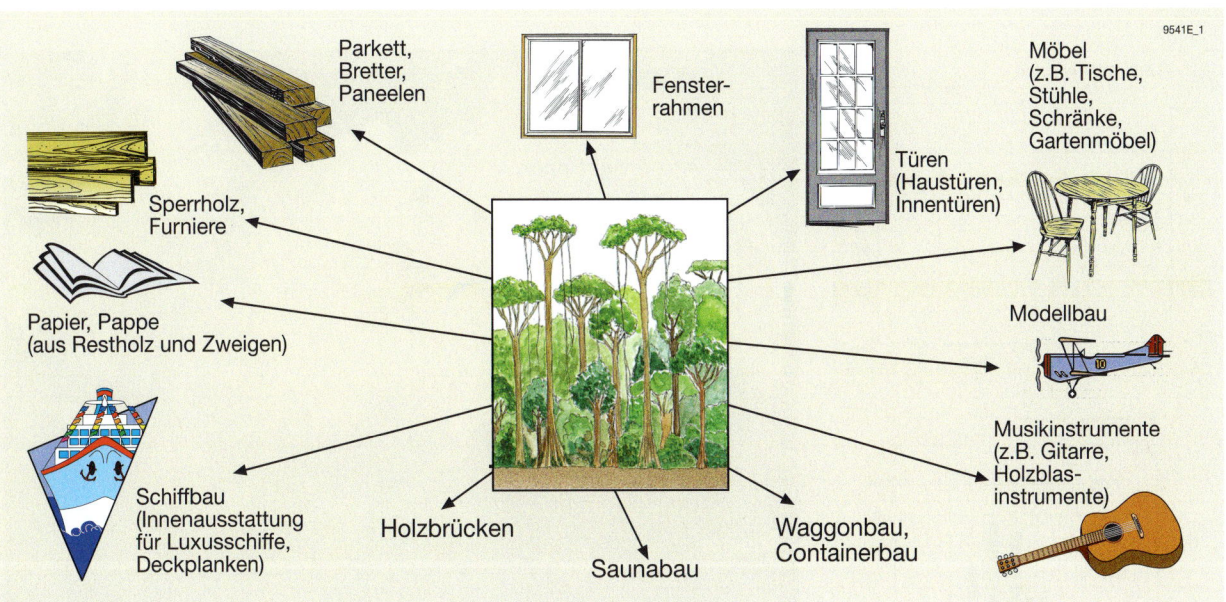

Parkett, Bretter, Paneelen

Fensterrahmen

Möbel (z.B. Tische, Stühle, Schränke, Gartenmöbel)

Türen (Haustüren, Innentüren)

Sperrholz, Furniere

Papier, Pappe (aus Restholz und Zweigen)

Modellbau

Musikinstrumente (z.B. Gitarre, Holzblasinstrumente)

Schiffbau (Innenausstattung für Luxusschiffe, Deckplanken)

Holzbrücken

Saunabau

Waggonbau, Containerbau

9541E_1

M4 Verwendung tropischer Edelhölzer

Nachhaltiges Wirtschaften – Forstwirtschaft

Um die tropischen Regenwälder möglichst schonend zu nutzen, empfehlen Experten eine nachhaltige Forstwirtschaft. Das bedeutet, dass nicht mehr Holz aus dem Wald genommen werden darf als nachwachsen kann. Viele Länder verbinden daher die Erlaubnis zum Baumfällen mit der Auflage, vernichtete Wälder wieder aufzuforsten. Der Holzhandel hat Verhaltensrichtlinien entworfen, die für den Regenwald nützlich sind. Zum Beispiel wird mit Gütesiegeln bescheinigt, dass Holz aus einer nachhaltigen Waldnutzung stammt. Einige Länder versuchen, die restlichen unberührten Regenwälder vor der Holzwirtschaft zu schützen. So legt zum Beispiel Thailand Teakholzplantagen an. Bäume sind in Reihen gepflanzt und mit Wirtschaftswegen erschlossen.

M5 Gütesiegel für nachhaltige Forstwirtschaft (FSC: Forest Stewardship Council)

Wirtschaft

Aufgaben

2 Beschreibe die vielfältigen Nutzungsmöglichkeiten für Edelhölzer aus dem tropischen Regenwald (M4).

3 Erläutere Maßnahmen einer nachhaltigen Forstwirtschaft (Text).

4 Für Geoexperten: Erkunde in einem Baumarkt,
  – welche Tropenhölzer verkauft werden,
  – wozu sie verwendet werden können und
  – ob sie ein Gütesiegel haben.

M6 Limbabaum

M7 Teakbaum

Klimadiagramme zuordnen

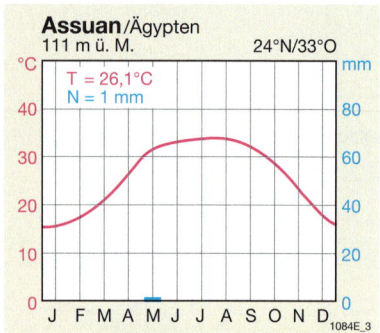

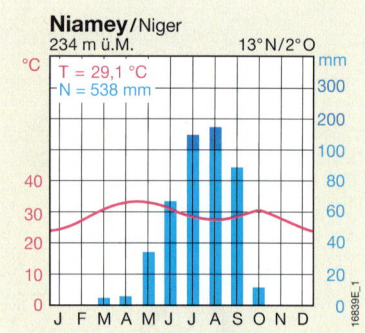

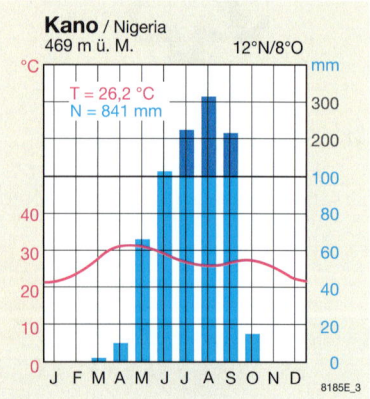

M1 Klimadiagramme

arid – humid

Aride Gebiete sind niederschlags-arm und trocken. Sie weisen also einen Wassermangel auf. Es verdunstet so viel Wasser, dass der ohnehin geringe Niederschlag aufgebraucht wird.

Humide Gebiete dagegen sind niederschlagsreich und feucht. Es herrscht Wasserüberschuss. Es fällt mehr Niederschlag, als Wasser verdunstet.

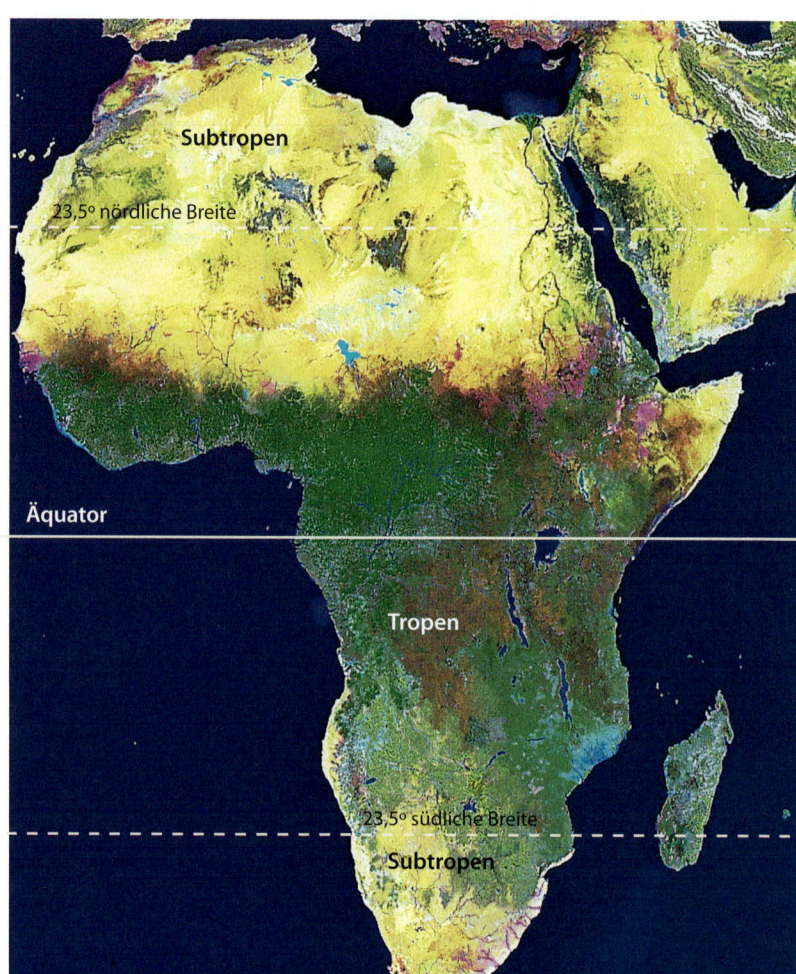

M2 Satellitenbild

So gehst du vor

1. Nenne die Station, suche sie in deinem Atlas auf, nenne ihre Höhe über dem Meeresspiegel und bestimme ihre Lage im Gradnetz.

2. Beschreibe den Gang der Temperatur und die Menge des Niederschlages im Verlauf eines Jahres.

3. Nenne die Monate mit den höchsten und den niedrigsten Werten (Maximum und Minimum).

4. Bestimme die Dauer der ariden und der humiden Zeit.

5. Nenne die mittlere Jahrestemperatur und die Höhe der Jahresniederschläge.

6. Ordne das Diagramm einer Klima- und Vegetationszone zu.

Gewusst – gekonnt

1 Bilder vergleichen

Beschreibe beide Bilder und vergleiche sie. Nutze dazu das passende Begriffspaar: Trockenzeit – Regenzeit, Dornsavanne – Trockensavanne, Wüste – Halbwüste.

2 Hier haben sich 8 Begriffe versteckt.

Setze die Wörter zusammen:
Regen, Savanne, Luft, Kultur, Stockwerk, Brett, Wald, Dorn, Wechsel, Bau, Mono, Rodung, Wurzel, Passat, Brand, Klima.

Das kannst du jetzt:

3 Eine Karikatur beschreiben

1. Beschreibe, was zeichnerisch dargestellt ist.

2. Was soll die Karikatur deiner Meinung nach aussagen?
Wähle eine Antwort aus.
a) Holz ist ein schöner Naturrohstoff und sollte stärker genutzt werden.
b) Wenn der tropische Regenwald stirbt, stirbt die ganze Erde.
c) Der tropische Regenwald ist artenreich und eine Schatztruhe.

– die Beleuchtungsverhältnisse sowie Temperatur und Niederschlag in der tropischen Zone beschreiben,
– das Zusammenwirken von Klima – Wasser – Vegetation in den wechselfeuchten und feuchten Tropen erläutern,
– die vielfältige landwirtschaftliche Nutzung der Savannen beschreiben,
– die Folgen einer Übernutzung am Beispiel der Sahelzone mithilfe einer Kausalkette darstellen,
– die Bedeutung des tropischen Regenwaldes beschreiben,
– seine vielfältige Nutzung analysieren und Folgen für Mensch und Natur beschreiben,
– Maßnahmen zur Bewahrung der Räume bewerten.

Du kannst dabei folgende Fachbegriffe anwenden:
tropische Zone, Wendekreis, Savannen, Hackbau, tropischer Regenwald, Plantage, Monokultur, Bodenerosion

Ausgewählte Entwicklungsländer

Robbie Williams in einer Schule in Afrika

Bob Geldof organisierte im Sommer 2005 fünf Rockkonzerte mit 100 Gruppen. Stars wie Robbie Williams und U2 spendeten ihre Gage für Afrika. Zwei Milliarden Menschen sahen diese Konzerte im Fernsehen. 2007 war Bob Geldof für einen Tag in der Redaktion einer bekannten Zeitung, um auf die schwierige Situation in Afrika aufmerksam zu machen.

In vielen Medien wird kritisch angemerkt, dass es den Musikern mit ihren Afrika-Spendenaktionen vor allem um Werbung für ihre eigene Person geht.

M1 Bekannte Musiker engagieren sich für Afrika.

Merkmale von Entwicklungsländern (Auswahl)

Bevölkerung

hohe Geburtenrate; steigende Lebenserwartung; hohes Bevölkerungswachstum („Bevölkerungsexplosion"); zunehmende Verstädterung (Landflucht); unzureichende Ernährung (Hunger und Unterernährung); hohe Analphabetenrate; erhebliche soziale Ungleichheiten.

Wirtschaft

geringer Industrialisierungsgrad; Landwirtschaft dominierender Erwerbszweig; ein großer Teil der Menschen arbeitet im informellen Sektor; Kinderarbeit ist weit verbreitet; unzureichende technologische Basis; geringe Produktivität; schwach ausgebaute Infrastruktur; geringer Energieverbrauch; starke Exportabhängigkeit; Devisenmangel; hohe Verschuldung.

Politische Verhältnisse

vielfach Militärregierungen; häufig innen- und außenpolitische Auseinandersetzungen (Militärputsche, Bürgerkriege, militärische Konflikte).

Umwelt

verstärkte Ressourcennutzung; Gefährdung des Gleichgewichts zwischen Natur und Gesellschaft (Vernichtung tropischer Wälder, Desertifikation); „Import" umweltbelastender Industrien.

Aufgaben

1 **Afrika ist ein Kontinent mit vielen Entwicklungsländern. Begründe.**

2 **Vergleiche Afrika mit anderen Regionen der Erde.**

Arbeitsheft

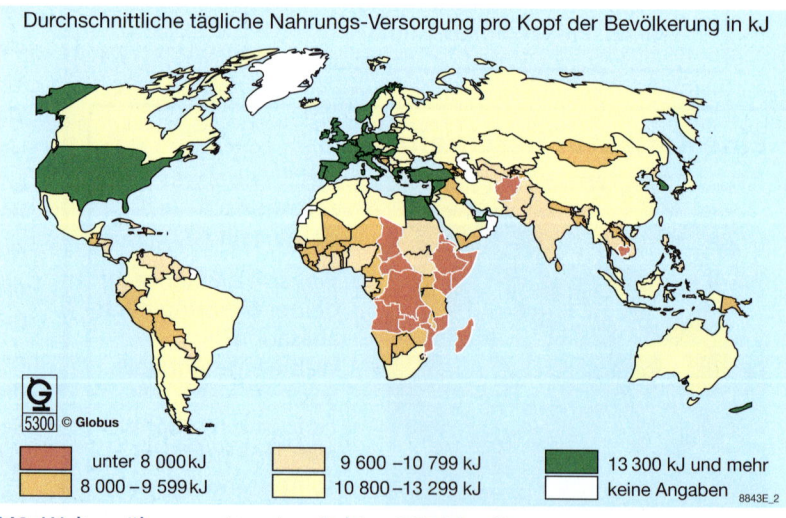

Durchschnittliche tägliche Nahrungs-Versorgung pro Kopf der Bevölkerung in kJ

unter 8 000 kJ	9 600 –10 799 kJ	13 300 kJ und mehr
8 000 – 9 599 kJ	10 800 –13 299 kJ	keine Angaben

© Globus
5300
8843E_2

M2 Welternährungssituation (1 kJ = 0,239 kcal)

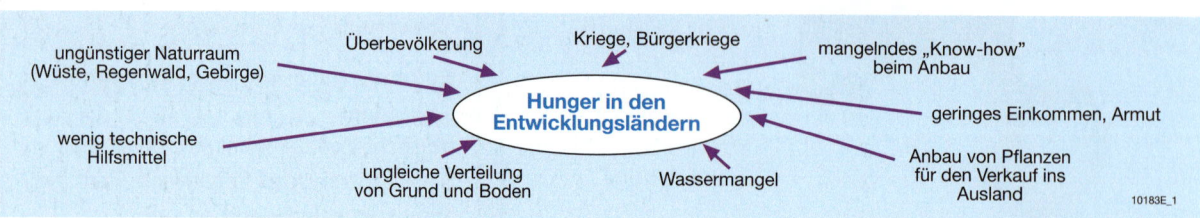

ungünstiger Naturraum (Wüste, Regenwald, Gebirge)

Überbevölkerung

Kriege, Bürgerkriege

mangelndes „Know-how" beim Anbau

Hunger in den Entwicklungsländern

wenig technische Hilfsmittel

geringes Einkommen, Armut

ungleiche Verteilung von Grund und Boden

Wassermangel

Anbau von Pflanzen für den Verkauf ins Ausland

10183E_1

M3 Einige Ursachen des Hungers

Statistiken lesen

Was sind Statistiken?

In Zeitungen, in Zeitschriften, im Fernsehen und im Internet begegnen uns täglich viele Zahlen. Informationen werden häufig wegen der besseren Übersichtlichkeit in Statistiken dargestellt. Mit ihrer Hilfe können sehr viele geographische Aussagen über eine Region getroffen werden. Bei Statistiken können unterschiedliche Darstellungsarten verwendet werden. Dazu gehören Tabellen, Streifen-, Balken-, Säulen-, Linien- und Kreisdiagramme.

Der Vorteil von Statistiken in Form von Diagrammen ist das schnelle Erfassen der bildlichen Darstellung, der Vorteil von Tabellen ist die übersichtliche Darstellung von Zahlenmaterial.

So gehst du vor

1. Informiere dich zuerst über den Titel und die Art der Statistik.

2. Lies anschließend die Teilinformationen und Maßeinheiten aus der Statistik ab.

3. Vergleiche die Werte miteinander.

Aufgaben

3 Erläutere die Bedeutung von Statistiken im Geographieunterricht.

4 Betrachte M4 – M6. Orientiere dich an der Schrittfolge.

Arbeitsheft

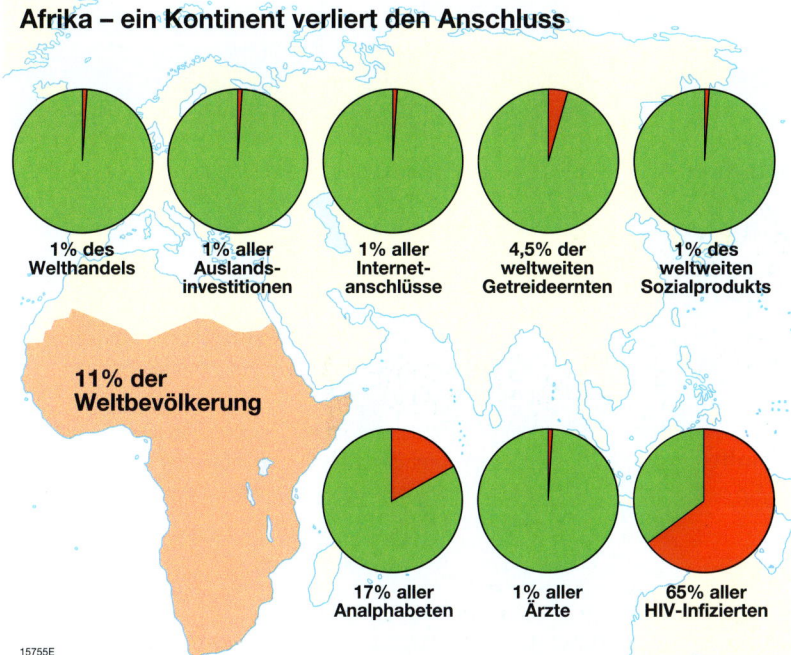

Afrika – ein Kontinent verliert den Anschluss

- 1% des Welthandels
- 1% aller Auslandsinvestitionen
- 1% aller Internetanschlüsse
- 4,5% der weltweiten Getreideernten
- 1% des weltweiten Sozialprodukts
- 11% der Weltbevölkerung
- 17% aller Analphabeten
- 1% aller Ärzte
- 65% aller HIV-Infizierten

15755E

M5 Kaum Fortschritte südlich der Sahara

Land	Lebenserwartung
Äthiopien	49
Burkina Faso	51
Elfenbeinküste	52
Namibia	47
Republik Südafrika	50
Tschad	47
Deutschland	79
Japan	82

M4 Lebenserwartung (2008)

	Zugang zu sauberem Wasser	Zugang zu sanitären Einrichtungen	Kindersterblichkeit unter 5 Jahren	Besuch weiterführender Schulen	Gesundheitsausgaben
G 2857 © Globus Quelle: Weltbank 2009 11903E_1	in % der Bevölkerung		je 1000 Kinder	in % der Jugendlichen der entsprechenden Altersgruppe	pro Kopf in US-Dollar
Afrika südlich der Sahara	58	31	146	32	224
Europa und Zentralasien	95	89	23	88	1 631

M6 Lebensbedingungen von Arm und Reich

Entwicklung durch Rohstoffe?

Afrika südlich der Sahara ist eine an Rohstoffen reiche Region. Trotz zunehmender Erschließung Afrikas gibt es aber bis heute nur wenige Bergbau- und Industriegebiete. Das hängt in erster Linie mit dem geologischen Bau, aber auch mit den komplizierten Verkehrsverhältnissen zusammen. Obwohl Bodenschätze schon lange bekannt waren und diese auch örtlich genutzt wurden, begann der Bergbau im stärkeren Maße erst nach 1960.

Die hinsichtlich des Abbauumfangs für die Weltwirtschaft bedeutsamsten Bergbaugebiete befinden sich im südlichen Afrika und in Westafrika. Besonders hohe Anteile an der Weltförderung besitzt Schwarzafrika bei Diamanten, Chrom, Bauxit, Vanadium, Gold, Uran, Phosphat und Kobalt, doch auch der Abbau von Eisen-, Mangan- und Kupfererzen oder von Steinkohle ist wichtig.

Gewaltige Ressourcen an Energierohstoffen

Dazu gehören neben Steinkohle und Erdöl auch Wasser. Es wurden große Wasserkraftwerke errichtet, zum Beispiel am Kariba-, am Volta- oder am Cahora-Bassa-Staudamm. Diese Kraftwerke liegen allerdings weit abseits von den großen Bevölkerungsballungen und industriellen Verbrauchern. Durch den Bau großer Wasserkraftwerke konnten viele Ortschaften und Haushalte mit Strom versorgt werden, doch der erhoffte Industrialisierungsschub blieb aus.

M1 Cahora-Bassa-Staudamm (Mosambik)

Aufgaben

1 Suche die im Text genannten Flüsse, an denen Wasserkraftwerke errichtet worden sind, im Atlas auf und beschreibe ihre Lage.

2 Nenne Gründe, warum der Reichtum an Bodenschätzen nicht immer zur wirtschaftlichen Entwicklung eines Landes beiträgt. Werte dazu den unten stehenden Text aus.

Vom „Fluch des Rohstoffreichtums"

Der Reichtum an Bodenschätzen gilt häufig als gute Voraussetzung für die wirtschaftliche Entwicklung eines Landes. In der Praxis ist das häufig ganz anders. Die Gründe sind vielfältig:

■ Rohstoffeinkommen verführen (ähnlich wie Lottogewinne) dazu, Geld zu verprassen.

■ Rohstoffeinkommen wecken Begehrlichkeiten und fördern Korruption.

■ Der Kampf um den Zugang zu den Rohstoffquellen führt immer wieder zu gewaltsamen Konflikten, die einen Teil der Einnahmen wieder verschlingen.

■ Rohstoffexporte bringen viele Devisen (zum Beispiel US-Dollar) ins Land, wodurch deren Kurs im Vergleich zur eigenen Währung sinkt. Es kommt so zu einer Überbewertung der Landeswährung. In der Folge werden auch die Importwaren im Vergleich zu heimischen Produkten preisgünstiger. Das Ergebnis: Es wird mehr importiert – zu lasten lokaler Produzenten.

■ Gemeinsam bewirken all diese Faktoren, dass die Rohstoffe aufgebraucht werden, ohne dass mit den Einnahmen die Grundlage für eine langfristige Entwicklung geschaffen würde.

(Aus: Rauch, Th.: Afrika im Prozess der Globalisierung. Braunschweig 2007)

M2 Aidsaufklärung in Simbabwe

Die Zukunft stirbt

Schwarzafrika ist die am stärksten von Aids heimgesuchte Region der Erde, wobei insbesondere Südafrika, Namibia, Botsuana und Simbabwe den höchsten Anteil an Aids-Infizierten bzw. Kranken aufweisen. Besonders betroffen davon ist die junge Generation. Von den heute 15-Jährigen wird nach Schätzungen der UN im Rahmen ihres Aids-Programms UNAIDS jeder Dritte an dieser Krankheit sterben. So wird Aids gleichzeitig zu einem Entwicklungshemmnis, denn es sind vor allem die erwerbstätigen und aktiven Jahrgänge betroffen. Hochrechnungen gehen davon aus, dass wegen Aids das Inlandsprodukt der betroffenen Staaten jährlich um ein bis zwei Prozent niedriger ist, als es sonst möglich wäre. Das Wirtschaftswachstum wird verringert. Bei einem Drittel aller von Aids betroffenen ländlichen Haushalte sinkt die landwirtschaftliche Produktion um 50 Prozent. Das hat katastrophale Auswirkungen auf die familiäre und nationale Ernährungssicherheit.

Aufgaben

3 **Informiere dich über Aids (Biologie).**

4 **Nimm zu der Aussage Stellung: Aids ist nicht nur ein gesundheitliches, sondern auch ein soziales und wirtschaftliches Problem.**

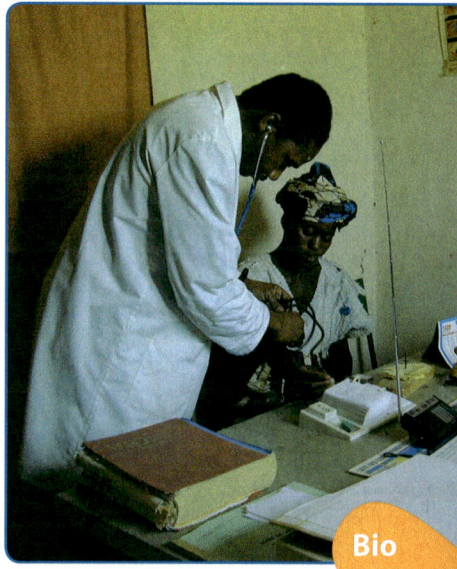

M3 Medizinische Versorgung können sich oft nur Wohlhabende leisten.

Bio

Wirtschaftliche Folgen von Aids

Auf dem Agrarsektor wird nach Schätzungen der Welternährungsorganisation FAO bis 2020 jede fünfte Arbeitskraft im südlichen Afrika der Epidemie Aids zum Opfer gefallen sein. Dies führt zu einem Rückgang der Produktion. Es wird weniger angebaut, Ackerflächen liegen brach und veröden. Viele Bauern sind gezwungen, ihre Produktion umzustellen: für den Verkauf vorgesehene Agrarprodukte gehen zugunsten der Produkte für die eigene Versorgung zurück. Immer häufiger kann aber auch der Eigenbedarf nicht mehr gedeckt werden. So war die letzte große Hungersnot im südlichen Afrika, 2002 – 2003, auch auf Aids zurückzuführen.

Nigeria – Erdölwirtschaft

Steckbrief Nigeria (2009)

Fläche:	924 000 km²
Einwohner:	153 Millionen
Bevölkerungs-dichte:	160 Einw./km²
Bevölkerungs-verteilung:	Stadt 47 Prozent
	Land 53 Prozent
Bevölkerungs-wachstum:	2,6 Prozent/Jahr
Säuglings-sterblichkeit:	75 auf Tausend
Analphabeten-rate:	28 Prozent
Hauptstadt:	Abuja

M1 Wohnsiedlungen und Ölindustrie in Bonny

Nigeria ist mit 153 Millionen Einwohnern das bevölkerungsreichste Land Afrikas. Es ist zudem ein Vielvölkerstaat, dessen Bevölkerung sich aus 434 Ethnien (Volksgruppen) zusammensetzt. Nigeria ist heute der sechstgrößte Erdölexporteur der Welt. Im Jahr 1958 fanden ausländische Unternehmen im Nigerdelta Öl. Bis zu diesem Zeitpunkt wurden vorwiegend landwirtschaftliche Produkte wie Kakao und Palmöl exportiert. Heute stammen rund 90 Prozent der Exporterlöse aus dem Ölgeschäft, das zudem gut 80 Prozent der Staatseinnahmen bildet.

Die Wirtschaft Nigerias ist einseitig auf das Erdöl ausgerichtet. Man spricht von Monowirtschaft.

Die Erdölförderung in Nigeria ist mit großen Umweltschäden verbunden (zum Beispiel dem Austritt von Erdöl an Förderlöchern oder lecken Pipelines), sodass in vielen Gebieten weder Landwirtschaft noch Fischfang mehr möglich ist. Die Einnahmen aus dem Erdölsektor kamen und kommen überwiegend ausländischen Konzernen, den reichsten Nigerianern und Großprojekten in Industrie sowie Infrastruktur zugute. Die Mehrheit der Bevölkerung profitiert davon nicht und lebt meist von der landwirtschaftlichen Produktion zum Eigenbedarf sowie der Arbeit im informellen Sektor. Rund 70 Prozent der Bevölkerung müssen von weniger als einem US-Dollar pro Tag leben.

M2 Jugendliche auf einer Erdölpipeline in Nigeria

Aufgabe

1 Erläutere die Aussage: Große Teile der Bevölkerung Nigerias sind trotz reicher Erdölvorkommen arm.

	2005	2006	2007	2008	2009
Importe	25,6	31,1	38,8	39,4	41,7
Exporte	50,1	59,1	62,4	77,9	76,9
Differenz	+ 24,5	+ 28,0	+ 23,6	+ 38,5	+ 35,2

M3 Außenhandelsbilanz Nigerias 2005 – 2009 (Milliarden US-Dollar)

Hunderte Tote bei Pipeline-Explosion

Entsetzen am Unfallort. Diebe hätten die Leitung über Nacht in einem dicht besiedelten Gebiet geöffnet. Anschließend seien Hunderte Menschen gekommen, um illegal Treibstoff abzuzapfen. Die Feuerwehr kämpfte mit löchrigen Schläuchen sechs Stunden lang, um die Brände zu löschen. Das Unglück ereignete sich in einem dicht besiedelten Teil von Lagos. Immer wieder versuchen Arme und Arbeitslose, durch Plünderungen von Treibstoff- und Rohölleitungen den Lebensunterhalt ihrer Familien zu sichern.

(Nach: www.focus.de vom 26.12.2006)

In den Ölfördergebieten in der Region des Nigerdeltas (auch auf der Küste vorgelagerten Einrichtungen wie Ölbohrplattformen) kommt es immer wieder zu Kämpfen zwischen organisierten Banden mit Sicherheitskräften, aber auch untereinander. Dies gilt insbesondere für die Stadt Port Harcourt und die Gegenden an den Mündungsläufen der Flüsse. In den letzten Jahren waren in dieser Region auch zahlreiche bewaffnete Angriffe auf Einrichtungen ausländischer Ölgesellschaften sowie Entführungen ausländischer (meist westlicher) Mitarbeiter von in der Region tätigen Unternehmen zu verzeichnen.
In Nigeria können, meist kaum vorhersehbar, in allen Regionen lokale Konflikte zwischen dortigen Bevölkerungsgruppen mit gewaltsamen Zusammenstößen und Todesopfern aufbrechen. Ursachen und Anlässe sind politischer (zum Beispiel im Zusammenhang mit Wahlen), religiöser und/oder ethnischer Art. Meist sind diese Auseinandersetzungen von kurzer Dauer (wenige Tage) und örtlich begrenzt.

(Nach: Informationen des Auswärtigen Amtes vom 27.01.2009)

100 Menschen sterben nach Pipeline-Explosion

Beim Brand einer leckgeschlagenen Treibstoff-Pipeline sind in Nigeria rund 100 Menschen getötet worden. Das Unglück ereignete sich am Rande der Metropole Lagos. Eine Straßenbaumaschine hatte ein Leck in die Pipeline gerissen.

(Nach: www.focus.de vom 16.05.2008)

www.diercke.de
Stichworte: Erdölwirtschaft, Nigerdelta

Aufgabe

2 Nenne Probleme, die mit der Erdölförderung verbunden sind.

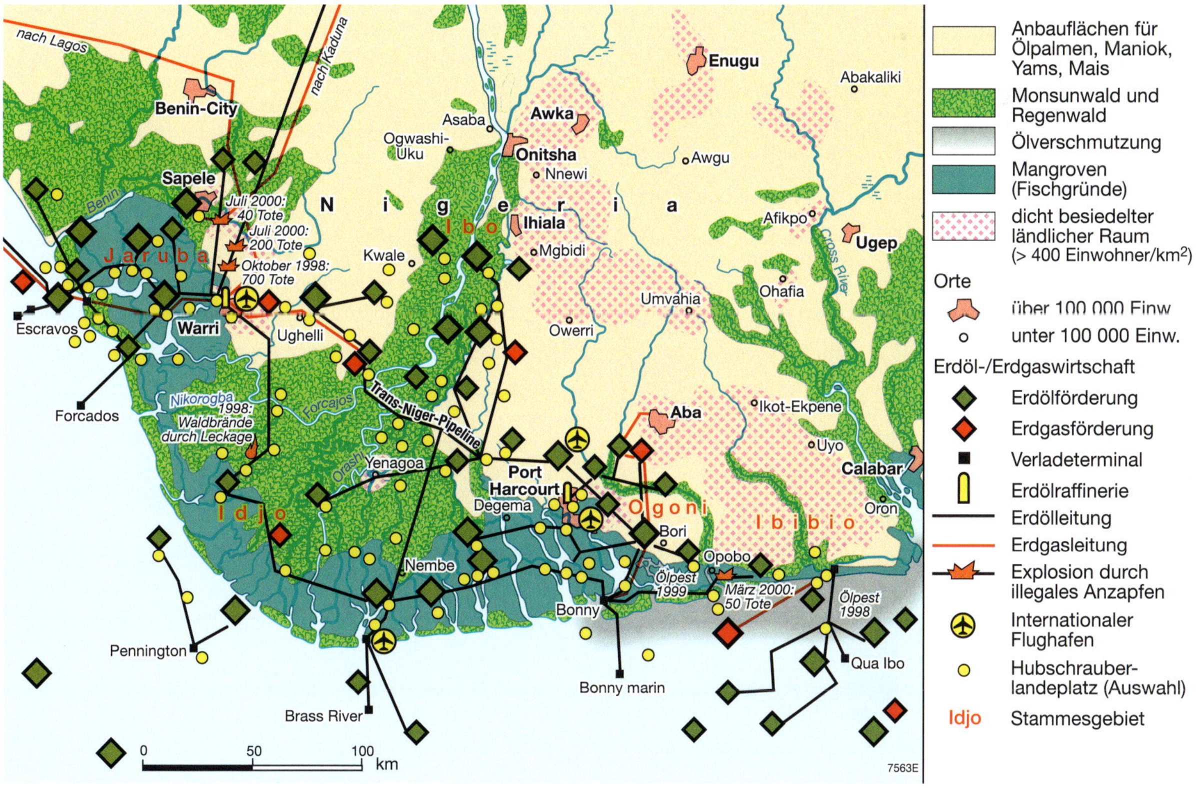

M4 Erdölwirtschaft im Nigerdelta

Legende:
- Anbauflächen für Ölpalmen, Maniok, Yams, Mais
- Monsunwald und Regenwald
- Ölverschmutzung
- Mangroven (Fischgründe)
- dicht besiedelter ländlicher Raum (> 400 Einwohner/km²)

Orte
- über 100 000 Einw.
- unter 100 000 Einw.

Erdöl-/Erdgaswirtschaft
- Erdölförderung
- Erdgasförderung
- Verladeterminal
- Erdölraffinerie
- Erdölleitung
- Erdgasleitung
- Explosion durch illegales Anzapfen
- Internationaler Flughafen
- Hubschrauberlandeplatz (Auswahl)
- Idjo Stammesgebiet

Die Tropen und Afrika südlich der Sahara

M1 Baum-
wollfeld in
Benin. Die
Ernte über-
nehmen
sehr oft
Frauen.

Baumwolle aus Benin

Nosines Vater geht jeden Morgen auf die Baumwoll-
felder, auf denen er seit seiner Kindheit arbeitet –
etwas anderes kennt er nicht. Doch seine kleine
Welt ist in den vergangenen Jahren durcheinander
geraten. „Der Dünger wird ständig teurer, während
ich für meine Baumwolle immer weniger Geld
bekomme", klagt er. „Ich musste einen Kredit
aufnehmen, um meine Familie zu ernähren. Nun
frage ich mich, wie ich das Geld zurückzahlen soll.
Seit einigen Jahren ist unsere Situation ganz
schrecklich. Uns bleibt kaum genug zum Leben."

Allô,

mein Name ist Nosine. Ich bin 13 Jahre alt und lebe in dem
Ort Bohicon, im Süden des westafrikanischen Staates Benin.
Wir haben in unserem Land so gut wie keine Bodenschätze,
sodass unsere Wirtschaft fast zu 90 Prozent von der Landwirtschaft abhängig ist. Erst 1984 wurde an der Küste Erdöl
entdeckt, was Benin einige Devisen beschert.
Neben meiner Stammessprache Fon spreche ich übrigens
auch Französisch. Von 1863 an war unser Land unter franzö-
sischer Herrschaft und erst 1960 erlangte Benin die Unab-
hängigkeit.
Gerade in den Wirtschaftsbeziehungen zeigt sich noch unsere enge Bindung an Frankreich. Die Franzosen brachten übrigens auch die Baumwolle in unser Land. Nun exportieren
wir Rohbaumwolle, Palmprodukte und Brennstoffe zu einem
großen Teil nach Frankreich und importieren von dort Indus-
triegüter, Nahrungsmittel und Brennstoffe.

A bientôt
Nosine

Steckbrief Benin (2009)

Fläche:	112 622 km²
Einwohner:	8,9 Millionen
Bevölkerungs- dichte:	78 Einw./km²
Bevölkerungs- verteilung:	Stadt 41 Prozent Land 59 Prozent
Bevölkerungs- wachstum:	3,2 Prozent/Jahr
Säuglings- lichkeit:	89 pro Tausend
Analphabeten- rate:	60 Prozent
Hauptstadt:	Porto Novo

Aufgabe

1 **Fasse zusammen, was Nosine über sich und ihr Land
berichtet.**

Baumwollanbau

Temperatur: 25 °C – 27 °C
Niederschlag: 300 – 450 Millimeter/Jahr
Wachstumszeit: 120 – 150 Tage

geerntete Baumwolle

Ernte, aus den „Wollbällen"
werden Fäden gedreht

Textilfabrik

Kleidungsstücke werden
produziert

M2 Vom Baumwollstrauch zum T-Shirt

Wo das Leben an der Baumwolle hängt

In Bohicon, wo es weder Strom noch fließendes Wasser gibt, dreht sich alles um die Baumwolle. Die weißen Wattebüschel bestimmen hier, wie im ganzen Land, das Leben. Die Weltbank hatte in den 1960er-Jahren Ländern wie Benin, Burkina Faso oder Mali den Anbau von Baumwolle empfohlen, da der weltweite Bedarf ständig wuchs und man sich von dem Verkauf der Baumwolle auf dem Weltmarkt hohe Einnahmen für die armen Länder versprach.

So lebt heute jeder dritte Einwohner Benins von diesem Rohstoff. Doch seit den 1970er-Jahren ist der Preis für Baumwolle auf dem Weltmarkt immer weiter gefallen. Die Einnahmen schwinden.

Die Folge ist, dass sich die etwa 15 Millionen westafrikanischen Baumwollpflanzer im „Würgegriff des Weltmarktes" befinden. Es geht ihnen wie vielen Menschen in weltweit etwa 50 Ländern, die vom Export von Rohstoffen leben müssen.
Die Einnahmen könnten sich erhöhen, wenn sie die Baumwolle weiterverarbeiten könnten, zum Beispiel T-Shirts, Hemden oder Handtücher herstellen würden. Doch dazu fehlt es oft an Geld. Der Aufbau einer Textilindustrie steht noch ganz am Anfang.

M3 Samenkapsel der
Baumwolle

M4 T-Shirt aus Baumwolle – im
Laden in Deutschland

Aufgaben

2 Erläutere, warum die Baumwolle in Benin nicht mehr als „weißes Gold" bezeichnet werden kann.

3 Für Geoexperten: Informiere dich im Internet über Entwicklungsprojekte in Benin. Stelle ein Projekt in einer Kurzpräsentation vor.

Arbeitsheft

Äthiopien – Kaffeeanbau für den Export

Steckbrief Äthiopien (2009)

Fläche:	1 133 380 km²
Einwohner:	82,8 Millionen
Bevölkerungs-dichte:	73 Einw./km²
Bevölkerungs-verteilung:	Stadt 16 Prozent Land 84 Prozent
Bevölkerungs-wachstum:	2,7 Prozent/Jahr
Säuglings-sterblichkeit:	77 auf Tausend
Analphabeten-rate:	64 Prozent
Hauptstadt:	Addis Abeba

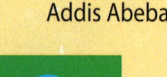

Wirtschaft Äthiopiens (2008/2009)

- *Erwerbstätigkeit:* Rund 90 Prozent aller Äthiopier leben auf dem Land. Von der erwerbstätigen Bevölkerung sind 80 Prozent in der Landwirtschaft beschäftigt, dennoch sind rund 14 Millionen Menschen ständig oder zeitweise von Hunger bedroht. Nur 7 Prozent arbeiten in Industriebetrieben, 13 Prozent verdienen ihr Geld mit Dienstleistungen (zum Beispiel im Tourismus).
- *Außenhandel:* Die Exporteinnahmen betragen ca. 1,6 Milliarden US-Dollar. Zu den wichtigsten Exportkulturen gehören mit 36 Prozent Kaffee und mit 15 Prozent Ölsaaten; aber auch Hülsenfrüchte, Blumen, Leder und Gold werden in Länder wie China, Deutschland, Japan, Saudi-Arabien, Italien und die USA exportiert.

Durch die geringe wirtschaftliche Entwicklung muss Äthiopien immer mehr Waren importieren, ihr Wert lag bei ca. 7,7 Milliarden US-Dollar. Importgüter sind vor allem Industriezubehör, Kraft- und Schmierstoffe, Konsumgüter und Nahrungsmittel.

Aufgabe

1 **Äthiopien hat eine Monowirtschaft. Erläutere.**
   Gehe dabei auf wirtschaftliche und soziale Auswirkungen ein.

Die Heimat des Kaffeebaumes ist das äthiopische Hochland in Ostafrika. Hier findet die Kaffeepflanze ideale Bedingungen (vgl. Info-Kasten). Äthiopischer Hochlandkaffee, den Kaffeehändler wegen seiner exzellenten Qualität schätzen, wächst kaum auf Plantagen.
Die Kleinbauern bauen ihn in Einzelsträuchern zusammen mit Hirse und Mais an seinem ursprünglichen Standort im Wald an.

Auf großen Plantagen wird Kaffee als Monokultur angebaut. Im Unterschied zu der Arbeit der Kleinbauern sind die Plantagen weitgehend mechanisiert. Nur die Ernte erfolgt noch in Handarbeit. Da Kaffeekirschen nicht gleichzeitig reif sind, wird mehrfach geerntet. Der Rohkaffee ist für den Export bestimmt. Das Rösten, Mischen und Verpacken erfolgt nicht in Äthiopien.

Info

Kaffee

Weltweit liegen die meisten Kaffeeanbauländer im sogenannten „Kaffeegürtel". Er erstreckt sich von ca. 2 500 Kilometer nördlich bis ca. 2 800 Kilometer südlich des Äquators. Hier findet die Kaffeepflanze ideale Wachstumsbedingungen: Temperaturen zwischen 18 °C und 25 °C und 1 000 bis 2 000 Millimeter Niederschlag pro Jahr.

M1 Der Kaffeestrauch trägt gleichzeitig Blüten und Früchte/Kaffeebohnen.

M2 Ungetrocknete Kaffeebohnen

M3 Produkte aus fairem Handel

FAIRTRADE

In rund 27 000 Supermärkten sind fair gehandelte Produkte mit dem Fairtrade-Siegel erhältlich. Außerdem sind die fairen Produkte in allen Eine Weltläden, vielen Naturkostläden und rund 800 gastronomischen Betrieben wie Kantinen und Großküchen, Uni-Mensen oder Hotels zu finden.

TransFair – fairer Handel mit Kaffee

Bauer Asgodon aus Äthiopien berichtet: Großen Reichtum konnten wir früher mit dem Kaffeeanbau nicht erzielen. Vor Jahren war der Weltmarktpreis für Kaffee stark gefallen. Diese Situation hat uns einfache Bauern besonders hart getroffen, denn die Zwischenhändler zahlten uns noch weniger als gewohnt. Manchmal waren die Produktionskosten sogar höher als unser Verdienst. Beim fairen Handel werden Mindestpreise festge-setzt, die in Absprache mit den Genossenschaften der Produzenten und unabhängig von den Preisschwankungen auf den Märkten zu bezahlen sind. Sie decken sowohl die Produktionskosten ab, die unter menschenwürdigen Arbeits- und Lebensbedingungen entstehen, als auch die alltäglichen Lebenshaltungskosten. Die Kleinbauern in den Erzeugerländern erhalten durch den fairen Handel immer bessere Preise als über den normalen Markt.

Aufgaben

2 Ermittle aus M5 die Hauptverdiener am Kaffee.

3 Erläutere die Aufgaben von TransFair (M3, Text).

4 Frage deine Eltern, ob sie beim Einkauf auf Waren mit dem Fairtrade-Siegel achten.
Arbeitsheft

www.transfair.org

M4 Zum Trocknen ausgelegte Kaffeekirschen

Plantagenarbeiter	5,1 %
Plantagenbesitzer	8,5 %
Exporteur	3,7 %
Staat: Exportsteuer	17,2 %
Reederei: Seefracht	1,4 %
Staat: Zoll	1,8 %
Staat: Kaffeesteuer	18,4 %
Staat: Mehrwertsteuer	6,1 %
Importeur	7,6 %
Rösterei	6,5 %
Einzelhändler	23,7 %
Ladenpreis	100,0 %

M5 Zusammensetzung des Kaffeepreises

Südafrika – Entwicklung durch Industrialisierung

Republik Südafrika (2009)

Fläche:	1 219 000 km²
Einwohner:	50,7 Millionen
Bevölkerungs-dichte:	40 Einw./km²
Bevölkerungs-verteilung:	Stadt 59 Prozent Land 41 Prozent
Bevölkerungs-wachstum:	0,8 Prozent/Jahr
Säuglings-sterblichkeit:	45 auf Tausend
Analphabeten-rate:	12 Prozent
Hauptstadt:	Pretoria

M1 In einer Balletschule in Johannesburg (2008)

M2 Logo der FIFA Fußball-Welt-meisterschaft 2010™
(™: Abkürzung aus dem Englischen Trademark (Schutzmarke). Der Begriff bzw. die Abbildung sind geschützt.)

„Unser Land ist anders als der Rest von Afrika"

Diese Aussage kannst du oft in Südafrika hören. Tatsächlich nimmt das Land eine Sonder-stellung unter den afrikanischen Staaten ein. Es verfügt einerseits über die meisten gut ausgebilde-ten Arbeitskräfte, eine leistungs-fähige Industrie und Landwirt-schaft sowie über eine gute Infra-struktur. Seine günstige Lage am Kap der Guten Hoffnung und der Export strategischer Rohstoffe verstärken diese Sonderstellung noch. Andererseits sehen die Südafrikaner aber ihr Land auch als „Mikrokosmos der Welt". Hier konzentrieren sich alle Probleme, die sowohl in Afrika als auch weltweit auftreten: Spannungen zwischen Reich und Arm, Weiß und Schwarz sowie Nord und Süd.

Land im Umbruch

Lange machte Südafrika als das Land der Apartheid international Schlagzeilen. Apartheid bedeutet die Trennung von Menschen nach der Hautfarbe. So gab es zum Beispiel nach Hautfarbe unterteilte Schulen oder Strände. Schwarze hatten kein Wahlrecht. Sie mussten außerhalb der Bal-lungsräume in Homelands oder am Rand der Städte der Weißen in Townships leben, wo die Lebens- und Arbeitsumstände schlechter waren. Heute ist die Apartheid gesetzlich abgeschafft. Nur zusammen und nicht gegen-einander können alle Bevölke-rungsgruppen das „neue" Süd-afrika aufbauen. Eine Forderung heißt deshalb, sich in gemein-samer Verantwortung gegen-seitig achten und verstehen lernen.

Aufgabe

1 Erläutere die Sonderstellung Südafrikas auf dem afrika-nischen Kontinent.

Die Wirtschaft der Republik Südafrika

Südafrika ist das wirtschaftlich erfolgreichste Land des Kontinents. Gründe dafür liegen in der guten Ausstattung mit Bodenschätzen wie Gold, Platin, Diamanten, Eisen-, Vanadium-, Chrom- und Manganerzen. Die Rohstoffe werden teils im Land verarbeitet und teils exportiert. Das trifft auch für Nahrungsmittel zu.

Die Bereiche Telekommunikation, Energie und Transport sind gut entwickelt.

Südafrika baut zudem seine touristischen Angebote laufend aus.

Die Provinz Gauteng mit dem Großraum Johannesburg-Tshwane (Pretoria) ist das bedeutendste Bergbau-, Industrie- und Dienstleistungszentrum des Landes. Hier wird fast die Hälfte der Industrieproduktion des Landes erwirtschaftet.

Die Landwirtschaft ist zweigeteilt: Hochproduktive Farmen und Plantagen sowie die Wein- und Obstgüter werden vor allem von Weißen bewirtschaftet. Die schwarze Bevölkerung betreibt meist Landwirtschaft für den Eigenbedarf.

Manganerz	1. Platz
Chromerz	1. Platz
Gold	1. Platz
Platin	1. Platz
Vanadium	1. Platz

M3 Rangliste bei ausgewählten Weltmineralreserven (2008)

Schon von weitem sehen wir goldgelbe Schlammhalden, dunklere Abraumhalden und Fabrikanlagen der Goldmine „Vaal Reef". Am Eingang erfolgt eine Belehrung, keine Steine aufzuheben. Unsere Besuchergruppe begibt sich zum Förderkorb und wir sausen mit hoher Geschwindigkeit in den Schacht. Schnell sind wir in 3 000 Meter Tiefe angelangt. Wir haben Druck auf den Ohren. Die Temperatur beträgt 32 °C, die Luft ist staubig. Dank der Belüftungsanlagen sind die Bedingungen aber gerade noch erträglich. Bergmann zu sein ist schwer, auch wenn wir viele Geräte haben, die die Arbeit heute erleichtern. Das goldhaltige Gestein wird nach dem Hauen nach oben transportiert und dort weiterverarbeitet. Für fünf Gramm Gold muss man eine Tonne Gestein fördern. Ob dieser Aufwand in der Glitzerwelt bekannt ist? Beim Verlassen der Goldmine werden wir mit dem Detektor kontrolliert, alle waren ehrlich.

Aufgabe

2 **Beschreibe die Wirtschaft der Republik Südafrika.**
Arbeitsheft

M4 Skyline Johannesburgs; im Hintergrund Goldminen

Einen Bildbrief schreiben

Ein Brief nach Ruanda

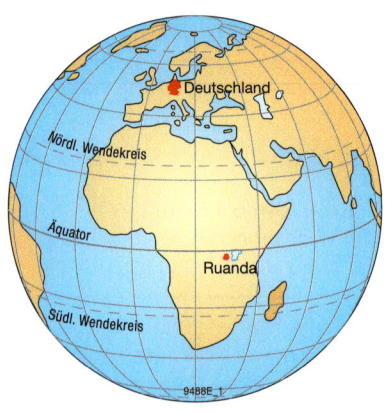

M1 Lage von Deutschland und Ruanda auf der Erde

Eine Schülerin der Klasse 7c berichtet:

„An unserer Schule gibt es eine Schulpartnerschaft mit Gakanka. Das ist ein Dorf in der Nähe von Kigali, der Hauptstadt von Ruanda. Von unserer Lehrerin haben wir zwar viel über die Schule und das Land Ruanda gehört, aber über die Schülerinnen und Schüler wussten wir nichts Genaues. Wir wollten erfahren, wie sie in Afrika leben. Umgekehrt wollten wir den Kindern in Gakanka mitteilen, wie wir hier leben.

Nun sprechen unsere Partnerschulkinder Französisch, wir dagegen Deutsch. Also haben wir überlegt, wie wir uns trotz der verschiedenen Sprachen verständigen können. Und da ist uns eine wirklich gute Möglichkeit eingefallen. Jeder von uns schrieb einen Bildbrief, einen Brief aus lauter kleinen Bildern. Alle 24 Briefe haben wir dann per Luftpost nach Ruanda geschickt. Nach einigen Wochen erhielten wir den ersten Bildbrief von Mubazankabo.

Aufgaben

1 Schreibe den Bildbrief von Barbara in einen „normalen" Brief um (M2).
2 Schreibe selbst einen Bildbrief.
Arbeitsheft

Könnt ihr meinen Bildbrief lesen?

Kunst

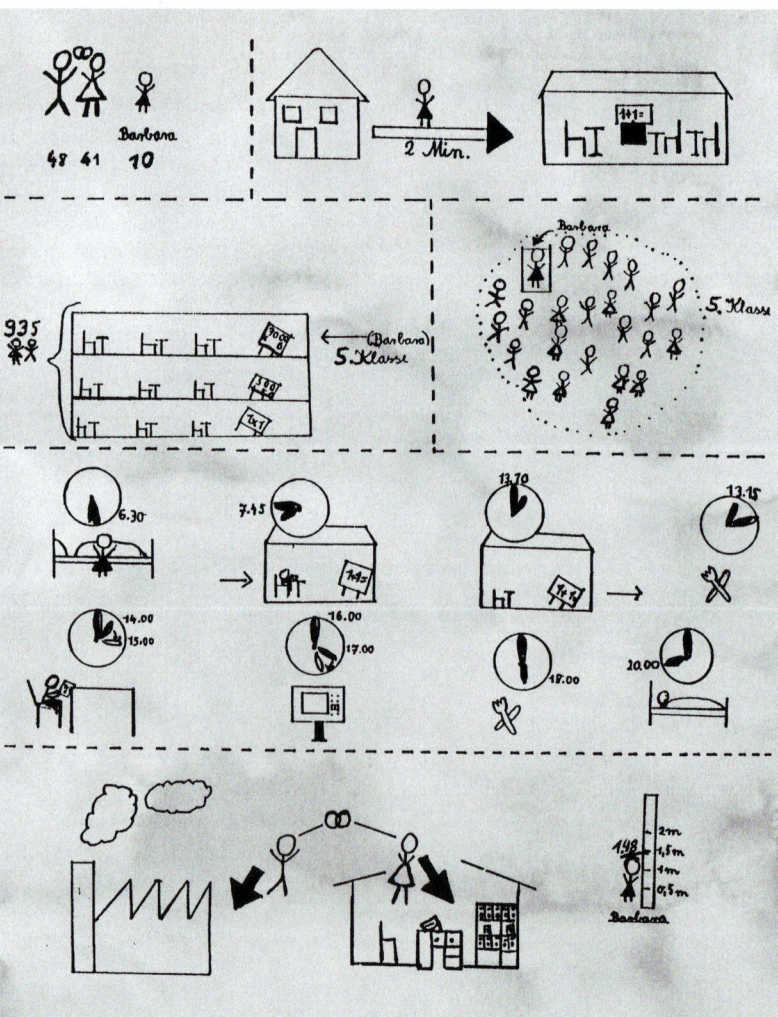

M2 Der Bildbrief von Barbara

Die Antwort, auch in Form eines Bildbriefes, kam von von Mubazankabo aus Ruanda:

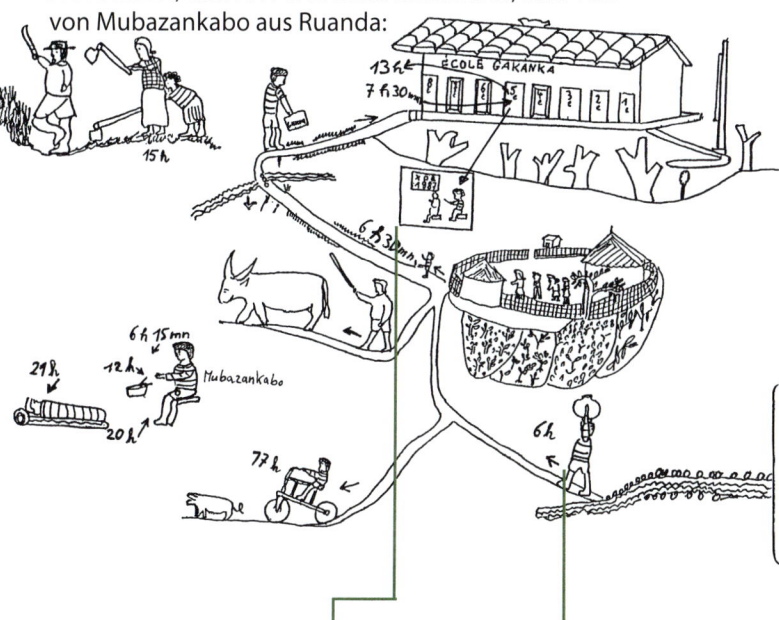

Um 6.30 Uhr verlässt Mubazankabo sein Dorf und macht sich auf den Weg zur Schule. Sein Schulweg dauert …

Um 6.00 Uhr in der Frühe holt Mubazankabo schon Wasser aus dem Fluss. Er trägt es in einem Tonkrug auf dem Kopf.

1 „Übersetze" den Bildbrief aus Ruanda.

Du kannst so anfangen: Ich heiße Mubazankabo. Schon um 6.00 Uhr in der Frühe hole ich Wasser aus dem Fluss. Ich trage es in einem Tonkrug auf dem Kopf. Um 6.15 Uhr frühstücke ich …

Das musst du wissen:

„h" ist die Abkürzung für das französische Wort „heure" (Stunde). „mn" ist die Abkürzung für das Wort „minutes" (Minuten). „Ecole" bedeutet „Schule".

So schreibst du einen Bildbrief

1. Überlege, worüber du mit verschiedenen Bildern berichten willst. Du kannst zum Beispiel über dein Leben erzählen; speziell über:
   - deine Familiensituation (zum Beispiel Alter und Beruf der Eltern, Geschwister),
   - deinen Alltag (zum Beispiel Tagesablauf, Mahlzeiten, Schulzeit, Schulweg, Informationen über deine Schule, Klasse und deine Freizeitgestaltung).

2. Gestalte einen Bildbrief. Fertige die Bildzeichen so einfach wie möglich an, damit sie leicht für andere zu verstehen sind.
   Stelle sie nach Themenbereichen zusammen. Es muss deutlich werden, welche der Personen du bist. Zahlenangaben (zum Beispiel Uhrzeiten) können den Bildbrief besser lesbar machen. Wichtig ist auch, dass du deinen Brief sehr sauber zeichnest.

Das kannst du jetzt:

– Merkmale von Entwicklungsländern mithilfe von Statistiken beschreiben,
– aufzeigen, dass viele Länder des südlichen Afrikas zu den am geringsten entwickelten Ländern der Erde gehören,
– an Beispielen nachweisen, dass trotz eines natürlichen Reichtums die Wirtschaft einseitig ausgerichtet ist.

Du kannst dabei folgende Fachbegriffe anwenden:
Entwicklungsland, Monowirtschaft

Veränderungen der Gestalt der Erde untersuchen

M1 Lavaströme bei einem Vulkanausbruch

Am Ende
dieses Kapitels
kannst du:

– den Aufbau der Erde mithilfe geeigneter
  Darstellungen beschreiben,
– Veränderungen an der Erdoberfläche durch
  erdinnere und erdäußere Vorgänge erläutern
  und deren Ursachen nennen,
– Ursachen und Folgen von Naturereignissen
  beschreiben und Schutzmaßnahmen nennen,
– wichtige Gesteine beschreiben und ordnen.

M2 Bodetal

Blick in das Erdinnere

Das Kontinentale Tiefbohrprogramm der Bundesrepublik Deutschland gehört zu den wichtigsten Forschungsvorhaben der Geowissenschaften. Ziel ist es, Erkenntnisse über den Erdaufbau und die Erdgeschichte zu gewinnen.
Zwischen 1990 und 1994 wurde bei Windischeschenbach (Bayern) ein über 9 000 Meter tiefes Loch gebohrt. In dieser Tiefe traf man bei 300 °C auf Gestein, das sich verformte. Der Gebirgsdruck wurde so groß, dass nicht tiefer gebohrt werden konnte.
Die Auswertung der Bohrkerne wird noch Jahre dauern.

Bei Bauarbeiten in historischen Innenstädten stößt man oft in wenigen Metern Tiefe auf wertvolle Funde der Vergangenheit. Beim Bohren nach Erdöl erhalten Wissenschaftler anhand der Auswertung von Bohrkernen aus mehreren Hundert Metern Tiefe Hinweise auf Besonderheiten des Klimas und der Vegetation vor Tausenden von Jahren. Der Mensch konnte bisher erst 4 000 Meter in die Erde vordringen. Diese Tiefe wurde in einer Schachtanlage in Südafrika erreicht. Bereits hier herrscht eine unerträgliche Hitze, denn die Temperatur nimmt mit der Tiefe ständig zu.

Die tiefste Bohrung der Erde mit über 12 000 Meter befindet sich auf der Halbinsel Kola.

Wenn man die Bohrungen mit dem Erdradius von rund 6 370 Kilometer vergleicht, hat der Mensch die Erde bisher nur „angeritzt".
Die Erforschung des Inneren der Erde führt ständig zu neuen Erkenntnissen über den Aufbau und die Geschichte unseres blauen Planeten. Sie ist genauso spannend wie die Erforschung des Weltalls.

Physik

Kontinent
Ozean
Ablagerungen des Festlandes
Meeresablagerungen
Granit
Basalt
−0
−10 km
−20 km
−30 km
1340E_2

M1 Vorstoß ins Erdinnere

M2 Tiefenbohrung bei Windischeschenbach in der Oberpfalz von 1990 bis 1994

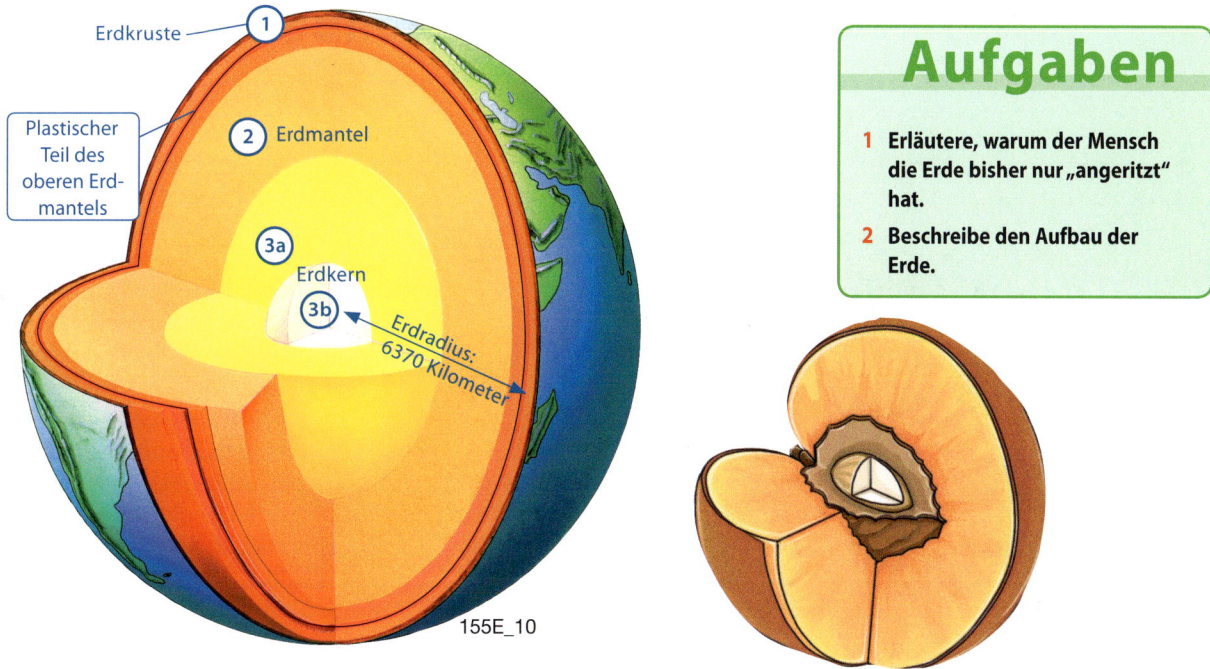

Erdkruste
1
Plastischer Teil des oberen Erdmantels
2
Erdmantel
3a
Erdkern
3b
Erdradius: 6370 Kilometer
155E_10

Aufgaben

1 **Erläutere, warum der Mensch die Erde bisher nur „angeritzt" hat.**

2 **Beschreibe den Aufbau der Erde.**

M3 Die Erde besteht aus mehreren Schalen und einem Kern – Vergleich mit einem Pfirsich.

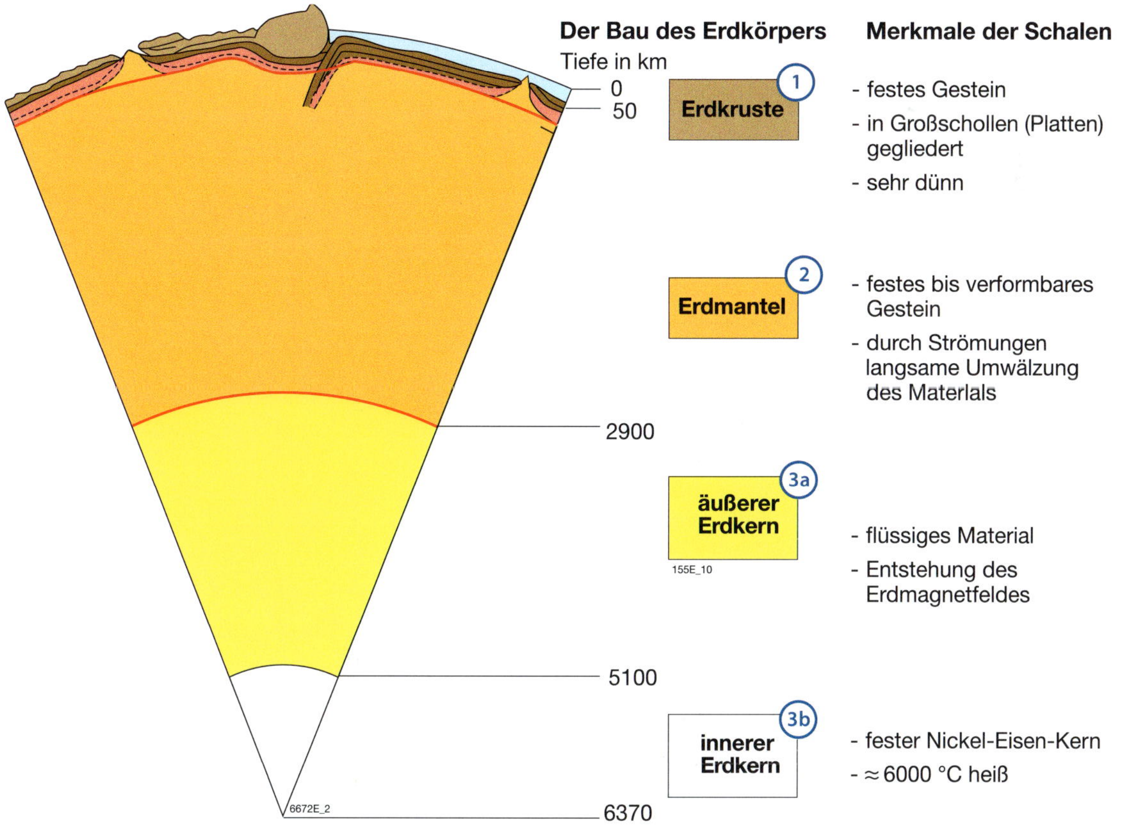

Der Bau des Erdkörpers
Merkmale der Schalen
Tiefe in km
0
50
1
Erdkruste
- festes Gestein
- in Großschollen (Platten) gegliedert
- sehr dünn
2
Erdmantel
- festes bis verformbares Gestein
- durch Strömungen langsame Umwälzung des Materials
2900
3a
äußerer Erdkern
155E_10
- flüssiges Material
- Entstehung des Erdmagnetfeldes
5100
3b
innerer Erdkern
- fester Nickel-Eisen-Kern
- ≈ 6000 °C heiß
6672E_2
6370

M4 Querschnitt der Erde

Platten und Plattenbewegungen

Wandernde Kontinente

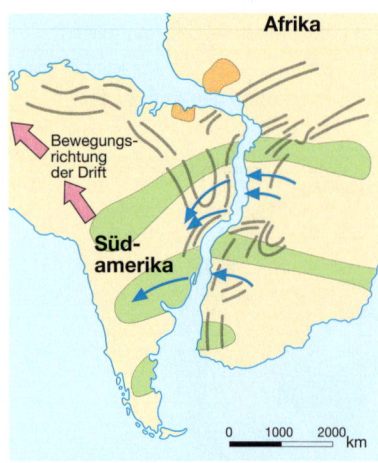

Afrika

Bewegungsrichtung der Drift

Südamerika

0   1000   2000 km

〰 Gebirge mit gleichaltrigen Gesteinsschichten
🟧 gleiche Gesteine (über 200 Mio. Jahre alt)
← Gletscherspuren, die in die gleiche Richtung zeigen (über 200 Mio. Jahre alt)
🟩 Fossilien mit gleichen Abdrücken von Tieren und Pflanzen

1915E_6

M1 Hinweise für die Lage Afrikas und Südamerikas vor der Kontinentaldrift

www.awi-bremerhaven.de

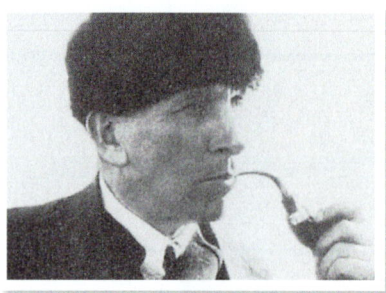

Jahreshauptversammlung der Geologischen Vereinigung in Frankfurt am Main am 6. Januar 1912: „Alles Schiebung, … Fieberfantasien", rufen Teilnehmer in den Saal. Gerade hatte Alfred Wegener seinen Vortrag über die Herausbildung von Kontinenten und Ozeanen beendet.

Warum waren die anderen Wissenschaftler so aufgebracht? Wegener hatte behauptet, dass es vor vielen Millionen Jahren auf der Erde eine einzige Landmasse, einen Urkontinent, gegeben haben soll. Dieser sei im Laufe von Millionen Jahren zerbrochen.

Die Kontinente würden seither als Schollen auf einer Gesteinsschmelze des Erdinneren umherschwimmen. Diese Bewegungen bezeichnete Wegener als Kontinentaldrift. Als eine Begründung dafür führte er an, dass an der Ostküste von Südamerika und der Westküste von Afrika gleich alte Gesteine und gleiche Tier- und Pflanzenreste gefunden wurden (M1).
Die führenden Geologen hielten Wegener damals für einen Märchenerzähler, denn Ursachen, den Motor für die Bewegungen, konnte er nicht nennen. Wegeners Vorstellungen wurden in den 1960er-Jahren zu einer wissenschaftlichen Theorie ausgebaut.

Aufgaben

1 **Nenne Beweise für Alfred Wegeners Theorie der Kontinentaldrift.**

2 **Informiere dich über Alfred Wegener im Internet.**

Weiterer Beweis für die Theorie Wegeners

Das Geheimnis der grünen Meeresschildkröte

„Einem angeborenen Zwang folgend, schwimmt die an der Küste Brasiliens lebende grüne Meeresschildkröte jährlich über den halben Atlantik, um ihre Eier an den Stränden der Insel Ascension abzulegen. … Dieses Verhaltensmuster wurde wahrscheinlich vor 100 Millionen Jahren in das genetische Programm der Meeresschildkröten aufgenommen. … Seeschildkröten legen ihre Eier gern auf vorgelagerten Inseln ab, um sie vor räuberischen Bewohnern des Festlandes zu schützen, und es ist wahrscheinlich, dass die Vorfahren dieser Meeresschildkröten zu diesem Zweck eine vorgelagerte Insel aufsuchten. … Im Verlauf der Jahrmillionen mussten die Tiere immer weitere Strecken durchschwimmen, um ihre Brutgebiete zu erreichen, da sich ihre Heimat an der brasilianischen Küste langsam, aber stetig entfernte. Heute trennen sie mehr als 1500 Kilometer Ozean von ihrem ursprünglichen Lebensraum."

(Nach: Miller, R.: Der Planet Erde. Driftende Kontinente, S. 159)

Koalas – Urbewohner Australiens

Australien ist der einzige Kontinent, auf dem sich ohne Einfluss von außen die Beuteltiere, zu denen auch das Känguru, der Wombat, der Beuteldachs und andere gehören, erhalten konnten. Finde eine Erklärung dafür!

M2 Mittelatlantischer Rücken – Satellitenbild

Aufgaben

3 **Benenne mittelozeanische Rücken (Atlas).**

4 **Finde mithilfe des Atlas heraus, welche Inseln wie Island Gipfel von ozeanischen Rücken sind.**

Kaum vorstellbar – Gebirge im Meer

In den 1940er-Jahren wurden die Ozeane genauer untersucht. Bei der Vermessung der Meeresböden machten die Wissenschaftler eine wichtige Entdeckung:
Sie fanden ein über 65 000 Kilometer langes und bis zu 4 000 Kilometer breites Gebirgssystem. Es durchzieht alle Ozeane. Diese gewaltigen Gebirgszüge werden mittelozeanische Rücken genannt.

Die Untersuchung der Ozeane brachte noch ein überraschendes Ergebnis. Durch Bodenproben fanden die Wissenschaftler heraus: Je weiter man sich an beiden Seiten von einem mittelozeanischen Rücken entfernt, desto älter werden die Gesteine. Das bedeutet, dass sich hier der Meeresboden ausbreiten muss (vgl. Infokasten).

M3 Island – die Naht zwischen Europa und Amerika

Info

Erdkruste entsteht neu

Die mittelozeanischen Rücken stellen eine Dehnungszone der Erdkruste dar. In ihrer Mitte weisen sie bis zu 50 Kilometer breite und 2 500 Meter tiefe Spalten (Rifte) auf. Unaufhörlich quillt hier Magma aus dem Erdmantel empor.
Das Magma kühlt ab und wird zu basalthaltigem Ozeanboden, der den Meeresboden zu beiden Seiten auseinanderdrängt. Diese Erscheinung wird als „seafloor spreading", als Meeresbodenausbreitung, bezeichnet. Verbunden ist dieser endogene Vorgang mit Vulkanausbrüchen und Erdbeben. Auf der Insel Island, die Teil eines mittelozeanischen Rückens ist, gibt es über 100 Vulkane. Jederzeit können neue Vulkane oder Inseln entstehen.

Plattentektonik: Das Bild der Erde verändert sich

Wenn über Erdbeben oder Vulkanausbrüche im Fernsehen oder in Zeitungen berichtet wird, dann werden als Ursachen immer Plattenbewegungen genannt.

Die starre Erdkruste ist keine Schale aus einem Stück. Sie gliedert sich in große und zahlreiche kleinere Platten. Die größeren sind nach Kontinenten benannt (Ausnahme: die Pazifische Platte). Mit den Umrissen der Kontinente decken sich die Plattengrenzen aber nicht.

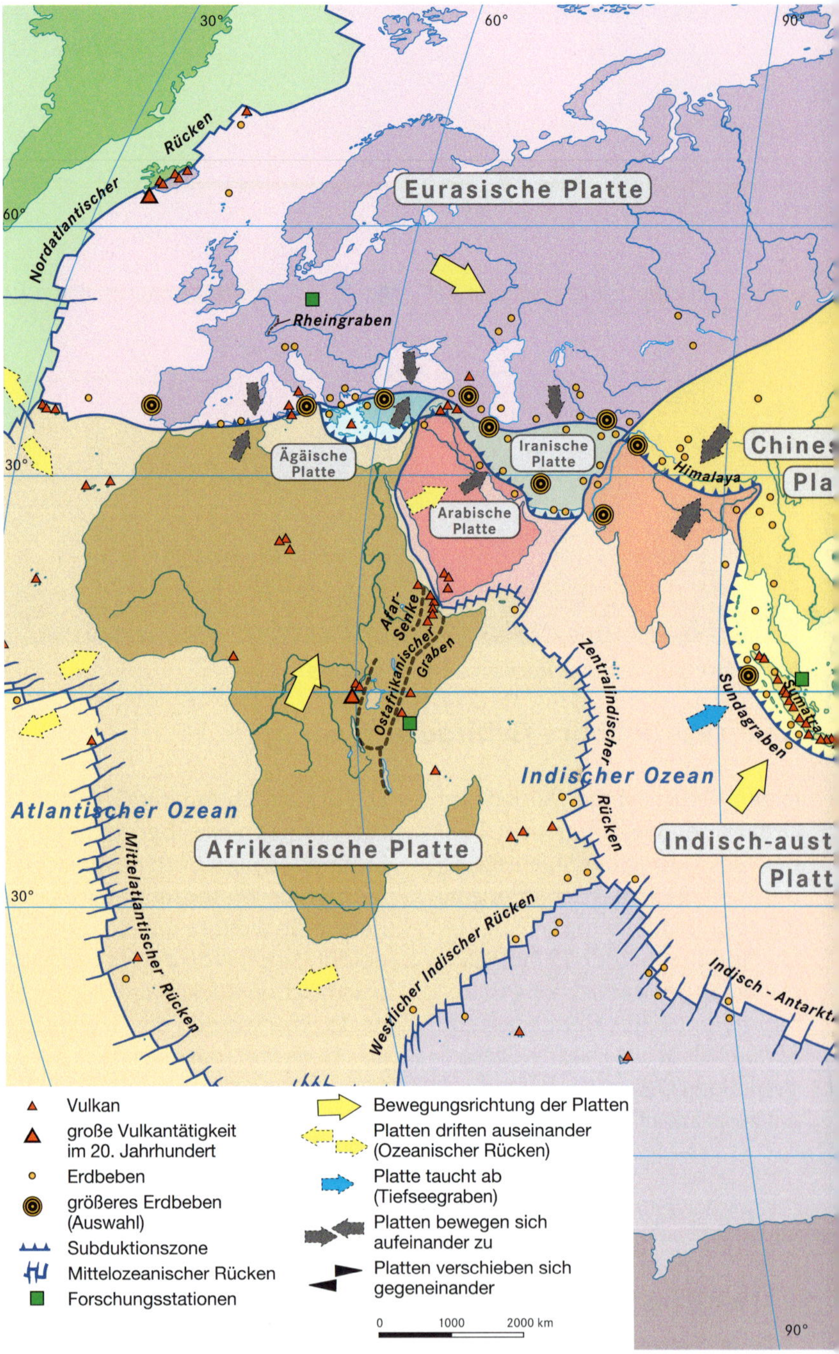

Info

Plattentektonik

Tektonik ist die Lehre vom Aufbau der Erdkruste. Die Plattentektonik befasst sich mit den Bewegungen der Platten. Diese bewegen sich entweder voneinander weg, aufeinander zu oder aneinander vorbei (M1). Als Motor der Plattenbewegungen gelten Strömungen des Magmas im Erdinneren. Sie ziehen die darauf liegenden starren Platten mit.

M1 Schwächezonen der Erde

(Karte: Eurasische Platte, Rheingraben, Ägäische Platte, Iranische Platte, Arabische Platte, Chinesische Platte, Afar-Senke, Ostafrikanischer Graben, Zentralindischer Rücken, Himalaya, Sundagraben, Indischer Ozean, Afrikanische Platte, Atlantischer Ozean, Mittelatlantischer Rücken, Westlicher Indischer Rücken, Indisch-Antarkt., Indisch-austr. Platte, Nordatlantischer Rücken)

Legende:
- ▲ Vulkan
- ▲ große Vulkantätigkeit im 20. Jahrhundert
- ○ Erdbeben
- ◎ größeres Erdbeben (Auswahl)
- Subduktionszone
- Mittelozeanischer Rücken
- ■ Forschungsstationen
- ⇨ Bewegungsrichtung der Platten
- ⇨ Platten driften auseinander (Ozeanischer Rücken)
- ⇨ Platte taucht ab (Tiefseegraben)
- ⇨ Platten bewegen sich aufeinander zu
- ▶ Platten verschieben sich gegeneinander

0 1000 2000 km

Aufgabe

1 Gib jeweils zwei Beispiele an, wo Platten auseinander driften bzw. wo sie sich aufeinander zu bewegen. Suche die Region, wo Platten aneinander vorbeigleiten.

Arbeitsheft

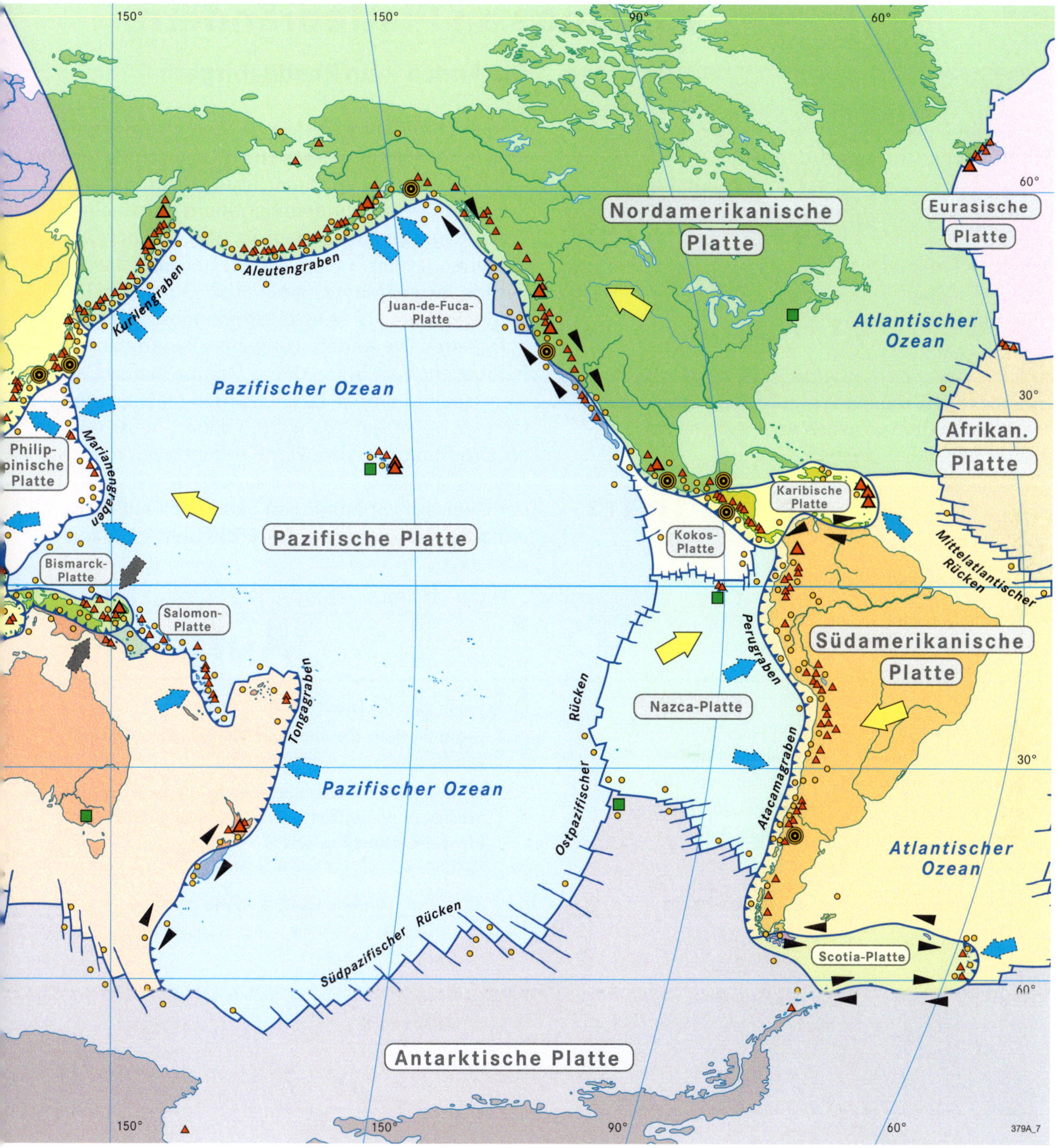

Nordamerikanische
Platte

Eurasische
Platte

Atlantischer
Ozean

Aleutengraben

Juan-de-Fuca-
Platte

Kurilengraben

Pazifischer Ozean

Afrikan.
Platte

Philip-
pinische
Platte

Marianengraben

Karibische
Platte

Mittelatlantischer
Rücken

Kokos-
Platte

Pazifische Platte

Bismarck-
Platte

Salomon-
Platte

Perugraben

Südamerikanische
Platte

Tongagraben

Nazca-Platte

Rücken

Pazifischer Ozean

Ostpazifischer

Atacamagraben

Atlantischer
Ozean

Südpazifischer Rücken

Scotia-Platte

Antarktische Platte

379A_7

Station	Verlagerung pro Jahr und Richtung	Station	Verlagerung pro Jahr und Richtung
Potsdam (Deutschland)	2 cm nach Nordosten	Boston (USA)	2 cm nach Westen
Osterinseln (Chile)	7 cm nach Osten	Mombasa (Kenia)	3 cm nach Osten
Galapagos (Equador)	5 cm nach Osten	Hawaii (USA)	6 cm nach Nordwesten
Melbourne (Australien)	6 cm nach Norden	Singapur (Singapur)	4 cm nach Südosten

M2 Forschungsstationen und ihre jährliche Verlagerung

101

Vorgänge an Plattenrändern

M1 Vulkan Cotopaxi in den Anden (Ecuador)

Die Anden – ein Randgebirge

In mehreren Gebirgsketten ziehen sich am Westrand Südamerikas die Anden entlang. Immer wieder kommt es dort zu Vulkanausbrüchen und schweren Erdbeben. Direkt vor dem Kontinent taucht eine Erdplatte unter eine andere ab (M2). Im Laufe von Millionen Jahren lagerte sich im Tiefseegraben Festlands- und Meeresmaterial ab. Durch den Druck beider Platten wurde es zusammengeschoben und aufgefaltet. Die Anden wurden als Randgebirge herausgehoben. Dabei drang Magma in den Gesteinsspalten empor. Es entstanden mächtige Vulkane (M1). Die Gebirgsbildung dauert heute noch an. Das Abtauchen der Platte erfolgt nicht mit gleichbleibender Geschwindigkeit. Gesteinsmassen verhaken sich, Spannungen bauen sich auf und entladen sich oft ruckweise. Erdbeben sind dann die Folge.

Info

„Kreislaufwirtschaft"

Entlang der mittelozeanischen Rücken entsteht ständig eine neue Gesteinshülle. Die Oberfläche der Erde vergrößert sich aber nicht. Demzufolge muss Erdkruste irgendwo im Erdmantel verschwinden und Gesteinsschichten als Gebirge wieder empor gepresst werden. Diese Vorgänge spielen sich an den Rändern von Platten ab. Die Folgen sind die Entstehung von Tiefseegräben, von gewaltigen Faltengebirgen, von Inselbögen, Vulkanen und Erd- oder Seebeben.

Aufgaben

1 Beschreibe die Entstehung der Anden.

2 In großer Höhe der Anden findet man oft Abdrücke von Muscheln im Gestein. Erkläre.

3 Erkläre, warum im Zusammenhang mit dem Ostafrikanischen Grabensystem davon gesprochen wird, dass hier ein Kontinent zerbricht.

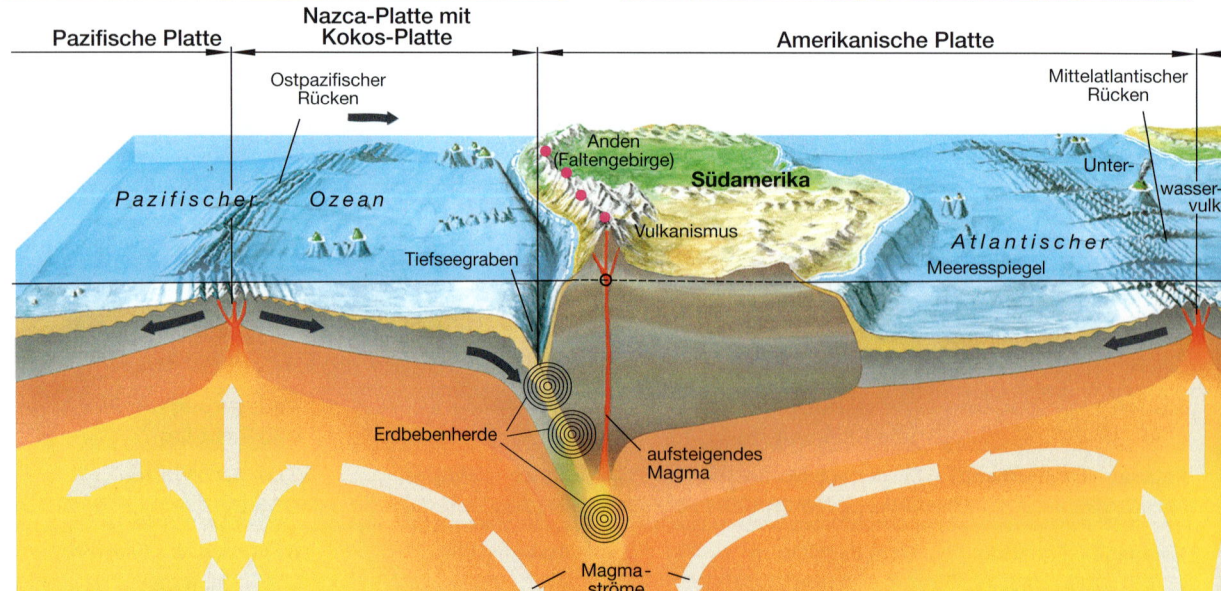

M2 Modell der Plattentektonik

Nur eine Schramme im Gesicht Afrikas?

Das Ostafrikanische Grabenbruchsystem ist ein Beispiel für das Auseinanderbrechen eines Kontinents. Infolge einer erhöhten Wärmezufuhr durch Wärmebeulen (engl. Hot Spots) aus dem Erdmantel wölbt sich hier die Erdkruste auf. Verbunden ist dies mit einem Aufreißen der Erdoberfläche. Spalten und Gräben bilden sich. Viele tätige Vulkane und Erdbeben belegen das Wirken erdinnerer Kräfte.

Weiter fortgeschritten ist das Auseinanderdriften der Platten schon im Rote-Meer-Graben. Hier wird wahrscheinlich in Jahrmillionen ein neuer Ozean entstehen. Auch der Oberrheingraben ist in die weltweiten Plattenbewegungen einbezogen.

M3 Am Ostafrikanischen Graben

Info

„Afrika reißt auseinander"

In der äthiopischen Afar-Senke können Forscher direkt an der Erdoberfläche Vorgänge beobachten, die sonst unter dem Meer in mehreren Tausend Metern Tiefe entlang der mittelozeanischen Rücken ablaufen.
Im Jahre 2005 öffnete sich hier plötzlich die Erde. Innerhalb weniger Wochen entstand ein gewaltiger Riss im Boden, etwa vier Meter breit, 60 Kilometer lang und bis zu 100 Meter tief. Zahlreiche Bodenspalten sind inzwischen hinzugekommen. In der Afar-Senke bewegen sich die Afrikanische und die Arabische Platte voneinander weg. Magma steigt auf und bildet den basalthaltigen Ozeanboden. In rund zehn Millionen Jahren wird das Rote Meer den Graben überflutet haben.

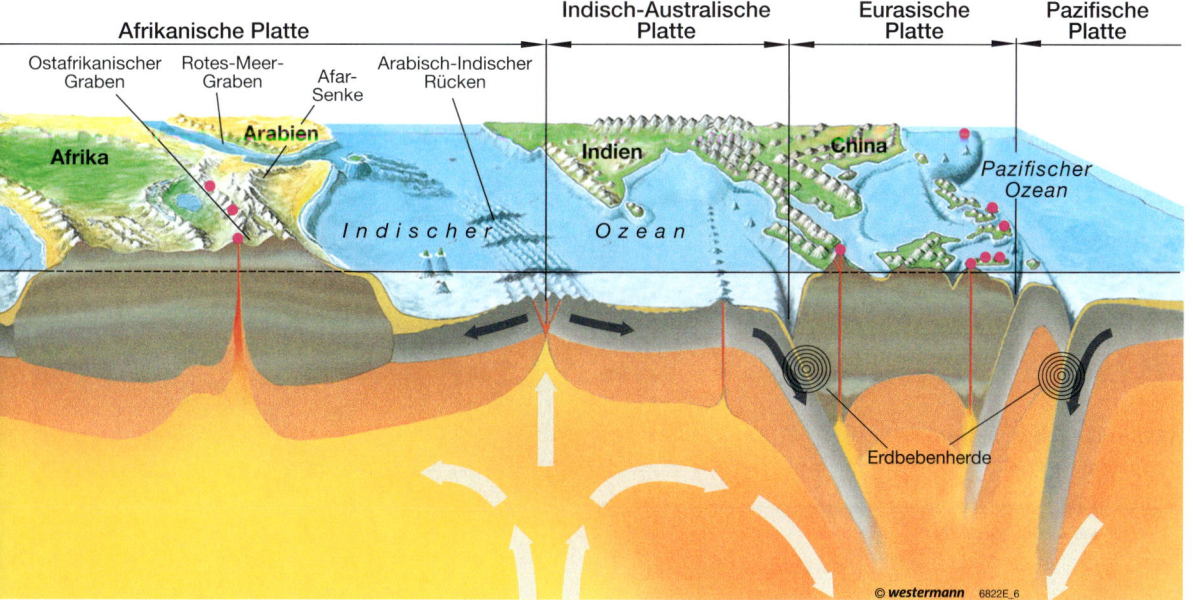

M1 Inselbögen am Ostrand der Eurasischen Platte

M2 Der Vulkan Fujisan – Wahrzeichen Japans

Inselbögen entstehen

Das Abtauchen einer Platte unter eine andere ist ein langer und komplizierter Prozess. Die abtauchende Platte kann dabei den Rand der anderen Platte mit in die Tiefe ziehen. So entstehen Tiefseegräben.

In Spalten dringt Magma bis an die Plattenoberfläche vor und baut Vulkane auf.

Taucht eine Platte weit vor der Küste eines Kontinents unter die andere, findet der vulkanische Aufbau zunächst unter dem Meeresspiegel statt.
Im Laufe der Zeit erscheint dann ein Bogen vulkanischer Inseln an der Meeresoberfläche.

Dazu gehören unter anderem die Japanischen Inseln, die Philippinen und die Sunda-Inseln. Heute noch sind die Verschluckungszonen Schauplätze gewaltiger Vulkanausbrüche. Auch Erd- und Seebeben treten an diesen Plattenrändern auf.

www.vulkane.net

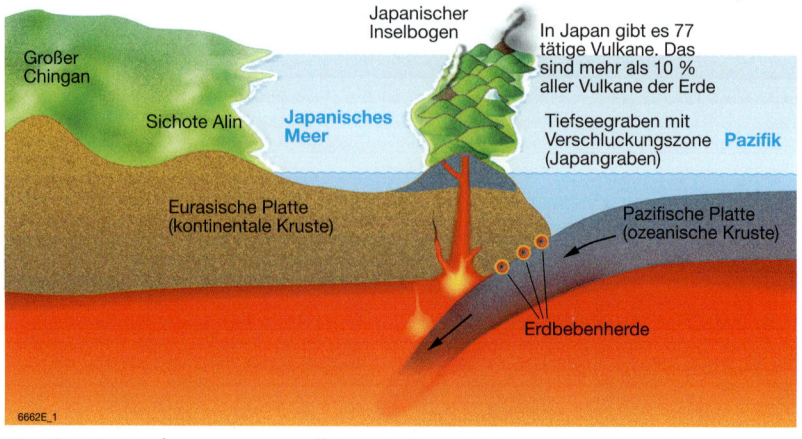

M3 Die Entstehung von Inselbögen: Beispiel Japanische Inseln

Aufgaben

1 Erkläre die Entstehung von Inselbögen (Text, M3).

2 Suche Tiefseegräben im Atlas, benenne sie und notiere ihre Tiefe.

Platten driften aneinander vorbei

Im Westen Kaliforniens kann man Augenzeuge eines geologischen Großereignisses sein. Hier driften seit Millionen von Jahren zwei Erdplatten, die Pazifische und die Nordamerikanische, aneinander vorbei. Das Besondere daran ist, dass man die Plattengrenze über 1 500 Kilometer an der Erdoberfläche verfolgen kann. Diese Nahtstelle ist die San-Andreas-Spalte. Sie führt durch kleine Ortschaften und große Städte, läuft unter Staudämmen hindurch und quert Pipelines und Schnellstraßen.

An einigen Stellen gelangt man sogar mit einem Schritt von einer Platte auf die andere.

Die Bewegungen der Platten sind in der Landschaft zu erkennen. Versetzte Reihen in Obstplantagen, Risse in Gebäuden, in Brücken und in Betonflächen zeugen davon.

Etwa 15 000 Erdbeben registriert man jährlich an der San-Andreas-Spalte. Die Plattenverschiebung vollzieht sich nicht gleichmäßig. Die Ränder verhaken sich und wie in einem gedehnten Gummiband bauen sich gewaltige Spannungen auf. Bei größeren Bewegungsschüben entladen sich Spannungen ruckartig und die Erde bebt.

> ## Aufgabe
>
> **3 Warum werden die Städte San Francisco und Los Angeles irgendwann aneinander vorbeidriften?**

M4 Die San-Andreas-Spalte

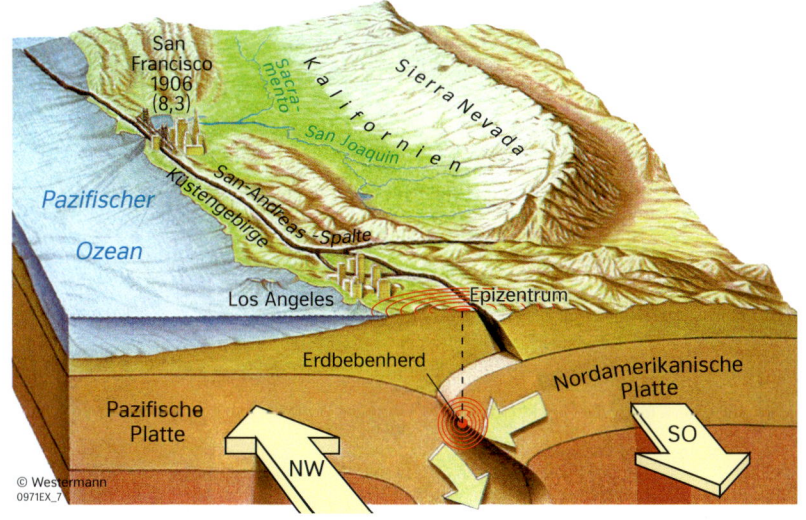

M5 Erdbebengefahr in Kalifornien

Haiti, 12.01.2010

Kurz vor 17 Uhr Ortszeit bebte die Erde auf der Insel Haiti mit einer Stärke von 7,0 auf der Richterskala (vgl. Seite 108). Das Epizentrum lag etwa 20 Kilometer westlich von der Hauptstadt Port-au-Prince entfernt. Das Zentrum der Stadt wurde fast völlig zerstört. Tausende Menschen verloren ihr Leben.

Haiti befindet sich in einer äußerst erdbebengefährdeten Region der Erde. Direkt unter der Insel bewegt sich die Karibische Platte um etwa sieben Millimeter im Jahr nach Osten an der Nordamerikanischen Platte entlang. Die aufgebauten Spannungen entluden sich am 12.01.2010 schlagartig um bis zu zwei Meter.

Endogene Prozesse und Folgen

Frontalzusammenstoß von Kontinentalplatten

Der Himalaya ist das Ergebnis einer Kollision zweier Platten, die Kontinente tragen.

Vor ca. 200 bis 60 Millionen Jahren

Der Urkontinent Pangäa zerbricht. Seitdem driftet die Indische Platte als ein Teilstück davon nordwärts in Richtung Eurasischer Platte. Zwischen ihnen befindet sich zunächst ein Ozean. Dieser wird immer weiter eingeengt, da die ozeanische Kruste in einer Verschluckungszone wieder in den Erdmantel versinkt. Die im Ozean abgelagerten Sedimente werden zusammengeschoben und gefaltet.

Vor ca. 60 Millionen Jahren bis heute

Es kommt zum frontalen Zusammenstoß der kontinentalen Krustenteile beider Platten. Dabei wird der Südrand der Eurasischen Platte stark angehoben. Er bildet heute das Hochland von Tibet. Wie eine Ziehharmonika falten sich die weiteren Gesteinsschichten beider Platten zusammen und werden als ein Faltengebirge, das Himalayagebirge, emporgepresst.

Das Vordringen der Indischen gegen die Eurasische Platte dauert bis heute an. Schwere Erdbeben sind die Folge.

M1 Auf dem Weg zum Mount Everest

Erstaunlich, was erdinnere Kräfte schaffen!

Aufgaben

1 Beschreibe die Entstehung des Himalayas. Beziehe auch den Begriff Faltengebirge mit ein.

2 Für Geoexperten: Noch heute wird der Himalaya jährlich um etwa fünf Zentimeter gehoben. Warum bleibt die Gipfelhöhe aber unverändert?

M2 Der Himalaya – ein Faltengebirge

Profilskizzen auswerten

Vor ca. 120 Mio. Jahren:

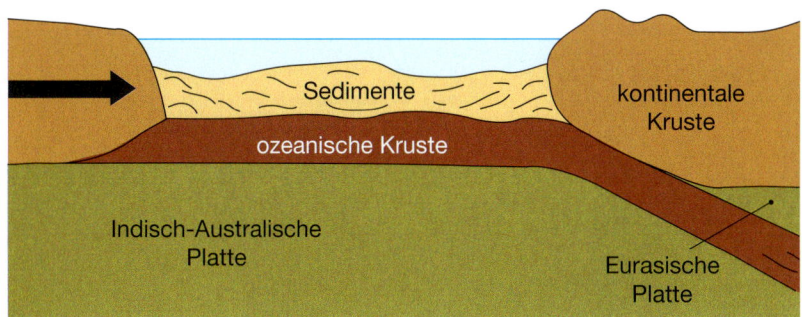

Sedimente · kontinentale Kruste · ozeanische Kruste · Indisch-Australische Platte · Eurasische Platte

Vor ca. 60 Mio. Jahren: Faltung

Heute:

Himalaya · Tibet · Indien

15756E

M3 Entstehung des Himalayas

Info

Was ist eine Profilskizze?

Eine Profilskizze ist die zeichnerische Darstellung des Schnittes durch einen Teil der Erdkruste. Sie dient der Veranschaulichung

- von Reliefformen (geomorphologisches Profil),
- von Lagerungsverhältnissen von Gesteinen (geologisches Profil) oder
- der Aufeinanderfolge von Bodenhorizonten (Bodenprofil).

Profilskizzen können auch in einer Serie auftreten. Sie stellen dann zum Beispiel Entwicklungen oder geologische Veränderungen über einen bestimmten Zeitraum dar. In M3 ist die Entstehung des Himalayas veranschaulicht.

So gehst du vor

Bevor du eine Profilskizze auswerten kannst, musst du sie lesen können.

Lesen einer Profilskizze

1. das Thema der Profilskizze nennen
2. den Ausschnitt der Erdkruste ermitteln
3. die Inhalte beschreiben (unter Nutzung der Legende und Beschriftung)

Auswerten einer Profilskizze

4. Zusammenhänge herstellen (bei mehreren Profilskizzen in Folge: Aufzeigen von Entwicklungen, Veränderungen)
5. Ursachen erklären

Aufgabe

3 Werte die Profilskizzen aus. Orientiere dich an der Schrittfolge.

Leben mit Naturereignissen

M2 Zerstörte Straßen und Autos nach einem Erdbeben in Chile (2010)

M1 Nach einem schweren Erdbeben in der Türkei (1999)

Die Erde bebt

Erdbeben sind gefürchtete Naturereignisse. Sie treten überraschend auf und dauern meist nur zwischen zehn Sekunden und vier Minuten. Sie wirken sehr zerstörerisch und bringen viel Leid über die Menschen.

Exakt vorhersagen lassen sich Erdbeben nicht, weil nicht sicher ist, wann sich die aufgestauten Spannungen in der Erde ruckartig entladen. Mit hochempfindlichen Geräten zeichnen Erdbebenforscher (Seismologen) die Erdbeben weltweit auf.

Mithilfe von Satelliten können kleinste Veränderungen in gefährdeten Gebieten an den Plattengrenzen registriert werden. Plötzliche Veränderungen der chemischen Zusammensetzung des Grundwassers können auf bevorstehende Beben hindeuten. Häufig wird vor einem Beben eine auffällige Veränderung des Verhaltens von Tieren beobachtet. Trotz starker Bemühungen der Wissenschaft wird die Vorwarnzeit für die Bevölkerung auch in Zukunft weiter kurz bleiben.

M3 Helfer nach einem Erdbeben in Haiti (2010)

www.wasistwas.de
Stichwort: Erdbeben

Aufgabe

1 Erläutere, warum Erdbeben gefürchtete Naturereignisse sind.

Info

Richterskala

Stärke	Auswirkungen des Erdbebens
unter 3,5	kaum spür-, nur messbar
3,5 – 5,4	spürbar, verursacht aber meist keine Schäden
bis 6	im Allgemeinen keine Schäden an normalen Bauwerken, kann aber großen Schaden an schlechter Bausubstanz auslösen
6,1 – 6,9	zerstörerisch im Umkreis von 100 Kilometern
7,0 – 7,9	großes Erdbeben, richtet großräumig ernsthafte Schäden an
8 und darüber	gewaltiges Erdbeben, richtet ernsthafte Schäden im Umkreis von mehreren 100 Kilometern an

Sind Schutzmaßnahmen möglich?

Erdbebensicheres Bauen

Die größte Gefahr für die Menschen geht bei einem Erdbeben von einstürzenden Häusern aus. Die meisten Erdbebenopfer werden dabei verschüttet. Deshalb ist der beste Schutz gegen Zerstörungen, erdbebensicher zu bauen. Eine massive Bauweise mit Stahl und Beton hilft, auch starke Beben relativ schadlos zu überstehen.

M4 Schwingungsdämpfer

Richtung, aus der z. B. die Erdstöße kommen

M5 Seismoskop – 123 v. Chr. entwickelt und gebaut

Schwingungsdämpfer verhindern, dass sich die Schwingungen in hohen Gebäuden bei Erdbeben verstärken können. Federelemente und Hartgummidämpfer dienen als Stoßdämpfer. So werden Erdstöße besser abgefangen, weil die Gebäude nicht mehr fest mit dem Baugrund verankert sind. Gebäude erdbebensicher zu errichten, ist allerdings sehr teuer.

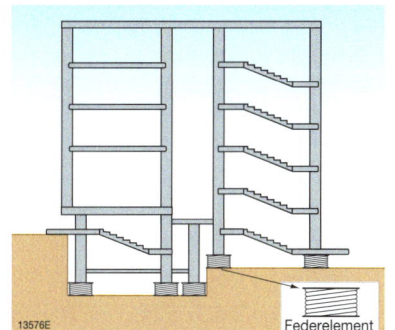

Federelement

M6 Federelemente für Fundamente und Zwischendecken

Aufgabe

2 Beschreibe, wie sich Menschen vor Erdbeben schützen können.

M7 Schutzübung zum Verhalten bei einem Erdbeben auf der Insel Java

M8 Das Transamerica-Building in San Francisco – das Gebäude hat ein Beben von 6,9 auf der Richterskala überstanden

Tsunami – eine Riesenwelle

Tsunami – das Wort kommt aus dem Japanischen und bedeutet „große Welle im Hafen". Geprägt haben es japanische Fischer, die bei ihrer Rückkehr in den Heimathafen ihre Dörfer zerstört vorfanden. Auf hoher See hatten sie die großen Wellen nicht bemerkt.

Ein Tsunami wird durch ein Seebeben oder einen Vulkanausbruch am Meeresboden ausgelöst. Er entsteht direkt am Seebebenherd, dem Epizentrum. Das Wasser wird dabei in heftige Bewegungen versetzt. An der Wasseroberfläche bildet sich eine Art Berg, aus dem sich die Meereswellen kreisförmig ausbreiten. Auf dem offenen Meer sind die Riesenwellen kaum zu erkennen. An der Küste aber bremst der flacher werdende Meeresboden sie ab. Hinter der ersten Welle stauen sich dann die folgenden auf und bilden eine große „Mauer".

Sie erreicht eine Höhe von bis zu 30 Metern. Ein Tsunami kann außerdem mehrere Kilometer in das Landesinnere eindringen und auch dort noch verheerende Zerstörungen anrichten.

Aufgaben

1. Beschreibe die Entstehung eines Tsunamis.
2. Tsunamis richten schwere Zerstörungen an und bringen den Menschen viel Leid. Erkläre (Text, M1).
3. Nenne Staaten im Indischen Ozean, die Interesse an einem Frühwarnsystem haben könnten (Atlas).
4. Für Geoexperten: Begründe, warum ein Erdbeben/Seebeben vor der Westküste Südamerikas zu großen Verwüstungen an der Westküste Nordamerikas oder auf den Japanischen Inseln führen kann.

Katastrophe am Indischen Ozean

Am 26.12.2004 ereignete sich im Indischen Ozean vor Indonesien ein schweres Seebeben mit der Stärke 9,0. Durch dieses Beben wurde ein Tsunami ausgelöst, der sich über den gesamten Indischen Ozean ausbreitete und verheerende Zerstörungen anrichtete (M2).

Weil die zehnjährige Schülerin Tilly Smith die Anzeichen des Tsunamis richtig deutete, hat sie ihrer Familie und etwa 100 Touristen das Leben gerettet. Die Schülerin erkannte die Gefahr, als sich das Wasser plötzlich zurückzog. Sie hatte vor Wochen erst die Wirkung von Flutwellen im Unterricht erfahren. Sie und ihre Eltern warnten die Urlauber im Hotel auf der Insel Phuket. Der Strand wurde daraufhin sofort geräumt. Minuten später kam das Wasser und zerstörte alles in seinem Weg.

(Nach: Neue Osnabrücker Zeitung vom 03.01.2005)

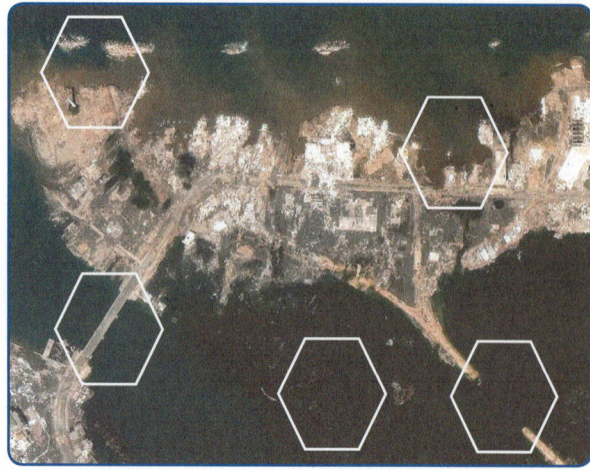

M1 Satellitenbild – Banda Aceh (Indonesien) vor (links) und nach der Flut (rechts) mit Orientierungsrahmen

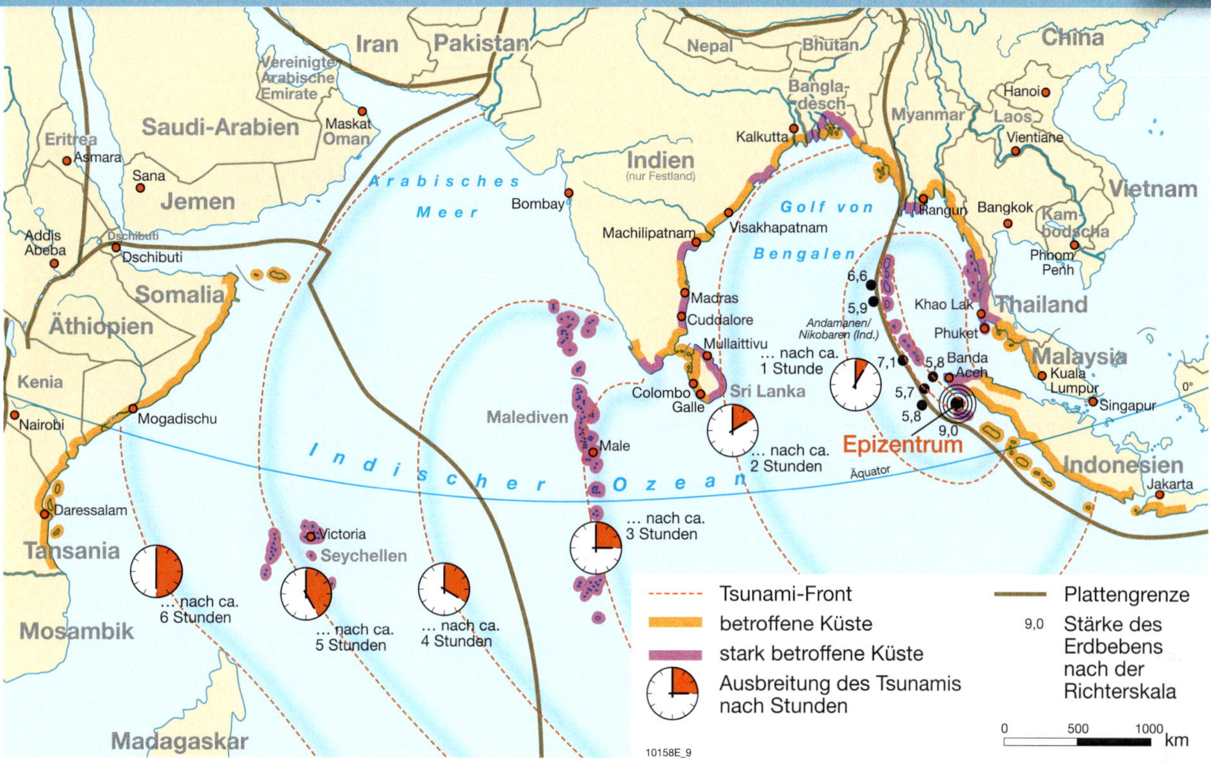

M2 Ausbreitung des Tsunamis am 26.12.2004. Als vor der Insel Sumatra (Indonesien) die Erde bebt, ist in Thailand, Sri Lanka oder auf den Seychellen noch nichts zu spüren. Der Tsunami riss etwa 230 000 Menschen in den Tod, 1,7 Millionen Menschen wurden obdachlos.

Das Tsunami-Frühwarnsystem

Experten kritisierten nach der Katastrophe im Indischen Ozean, dass es dort kein Frühwarnsystem für Tsunamis gab.

Im Pazifischen Ozean zwischen den USA und Japan gibt es bereits seit 1965 ein solches Frühwarnsystem. Ein Netz von Sensoren am Meeresboden, die mit Bojen an der Meeresoberfläche verbunden sind, messen ständig die Erdbewegungen. Misst ein Fühler ein Erdbeben, leitet er die Erdbebenwerte an die Boje per Funk weiter. Die Boje funkt dann diese Meldung mithilfe eines Satelliten an ein Erdbebenzentrum an Land. Von dort werden Radio- und Fernsehstationen informiert, die die Menschen warnen können. Dann kommen regionale Notstandspläne zum Einsatz.

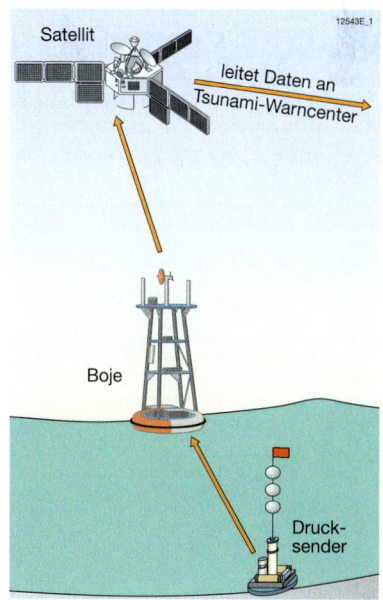

M3 Tsunami-Warnsystem

www.tsunami-alarm-system.com

Ein Frühwarnsystem für den Indischen Ozean

Die Staaten am Indischen Ozean haben nach der Flutkatastrophe vom 26.12.2004 beschlossen, ein Tsunami-Frühwarnsystem zu installieren. Indonesien, Indien und Australien haben das Warnsystem mit einem Gesamtwert von 45 Millionen Euro in Deutschland bestellt. Mit ihm können die Wellenhöhen berechnet werden. Es ist möglich, innerhalb von 13 Minuten nach einem Erdbeben alle betroffenen Staaten zu informieren. Im November 2005 sind die ersten GPS-Messbojen in Indonesiens Gewässern ausgesetzt worden. 2008 ging das Frühwarnsystem in Betrieb.

Der Merapi – beeindruckend, aber gefährlich

> Jedes Jahr geht unser Dorfältester auf den Vulkan, um die Geister zu ehren. Sie schützen uns vor einem Ausbruch des Merapi.

Info

Vulkane weltweit

Auf der Erde gibt es etwa 1 500 Vulkane. Viele von ihnen sind dauerhaft aktiv. Die meisten liegen auf dem „Pazifischen Feuerring", einem Bogen rund um den Pazifik. Einige Vulkane brechen ohne große Vorwarnung aus, andere dagegen zeigen das lange vorher an.

Aufgabe

1 Begründe, warum die Menschen Vulkane fürchten, aber gleichzeitig an Vulkanen leben.

www.wasistwas.de
Stichwort: vulkanismus

Nur wenige Kilometer nördlich von Yogyakarta, auf der indonesischen Insel Java, liegt der 3 000 Meter hohe Vulkan Merapi. Seiner Schönheit kann man sich nur schwer entziehen. Doch das Leben in der Nähe des Vulkans ist gefährlich. Der Merapi ist ein sehr aktiver Vulkan. Die in unmittelbare Nähe wohnenden Menschen leben in ständiger Sorge vor einem weiteren Ausbruch.

Im Sommer 2006 zum Beispiel versetzte der Vulkan die Menschen in große Angst. Schwarze Rauchwolken standen monatelang über dem Berg. Es regnete Asche und viele kleine Gesteinsbrocken.

Bei Gefahr eines Ausbruchs ist die Evakuierung der Bevölkerung nicht einfach, denn am Vulkan leben sehr viele Menschen. Die Hänge des Merapi sind fruchtbar und werden bis in große Höhen landwirtschaftlich genutzt.

Deshalb wird am Vulkan ständig gemessen: die Neigung der Hänge, unmerkliche Erschütterungen, die Zusammensetzung der Lava oder austretende Gase. Wird die höchste Gefahrenstufe erreicht, dann müssen die Bewohner ihr Wohngebiet verlassen. Auch der Pinatubo auf den Philippinen bricht immer wieder aus (M1).

M1 Pinatubo-Region (Philippinen) – Staubwolke während des Ausbruches (1991)

M2 Pinatubo-Region heute – Anbau auf vulkanischer Asche

M3 Der Vulkan Popocatépétl

Warnsysteme für Vulkane?

Vulkane lassen sich auch im High-tech-Zeitalter nicht wirklich beherrschen. Die einzige Art, mit den feuerspeienden Bergen zu leben, ist den Ausbruch rechtzeitig vorherzusagen.

Am Popocatépétl in Mexiko, einem der aktivsten Vulkane weltweit, wird in Frühwarnsysteme besonders viel investiert. Der Vulkan liegt nur ca. 70 Kilometer von der 30-Millionen-Metropole Mexiko-Stadt entfernt. Bei einem großen Ausbruch können allein durch die Asche das Kanalsystem der Stadt zusammenbrechen, der Flugverkehr blockiert werden und Gebäude einstürzen. Die Menschen rund um den „El Popo" mussten dies schon mehrmals erfahren.

Bedrohung am Popocatépétl

Im Dezember 2000 schleuderte der 5 452 Meter hohe Vulkan glühende Lava, Gesteinsbrocken und Asche in die Umgebung. Es war der seit 500 Jahren stärkste Ausbruch des „rauchenden Berges".
Das Frühwarnsystem funktionierte. Die Bewohner zahlreicher Dörfer wurden aufgefordert, ihre Häuser zu verlassen. Aber nur die Hälfte der rund 30 000 Bewohner folgte dem Aufruf, und dies im Schneckentempo. Warum wohl reagierten die Menschen, die am Vulkan wohnen, so unwillig?

(Nach: www.3sat.de/nano,15.01.2010)

Am Popocatépétl ist ein Warnsystem installiert, das mithilfe von GPS funktioniert. Messgeräte sind zwischen 3 900 und 4 600 Metern Höhe aufgestellt. Diese funktionieren wie ein Bewegungsmelder über die innere Aktivität des Vulkans. Im staatlichen Katastropheninstitut in Mexiko-Stadt werden die Daten der verschiedenen Messstationen erfasst und ausgewertet.

Aufgaben

2 Die meisten Vulkane liegen auf dem „Pazifischen Feuerring". Ermittle, welcher Vulkan nicht auf dem „Feuerring" liegt: Popocatépétl, Fujisan, Ätna.

3 Nenne Staaten, die durch Vulkanausbrüche immer wieder betroffen sind (S. 100/101, Atlas).

Erde in Bewegung – auch in Deutschland

Erdbebengefahr in Deutschland

In jedem Jahr werden in Deutschland Hunderte, manchmal sogar Tausende Erdbeben registriert. Sehr selten erreichen sie aber eine Stärke von 5,8 auf der Richterskala wie das von 1992 in der Nähe von Aachen.
Ursache für die meisten Beben sind die Bewegungen der Afrikanischen gegen die Eurasische Platte.

Minierdbeben erschüttern das Vogtland

Das Dreiländereck Sachsen-Böhmen-Bayern gilt als seismisch sehr aktive Region. Im Oktober 2008 wurden Erschütterungen der Erdoberfläche infolge einer ungewöhnlich starken Serie von leichten bis mittleren Erdbeben gemessen. Das stärkste Beben hatte eine Stärke von 4,5. Vulkanische Aktivitäten im oberen Erdmantel könnten die Ursache für die im Vogtland gemessenen Beben sein.

(Zusammengestellt nach Zeitungsartikeln)

Gebirgsschlag in der Nähe von Halle (Saale)

Am 11. September 1996 bebte rund um Halle für 20 Sekunden die Erde. Seismografen registrierten Stöße der Stärke 5,6 auf der Richterskala. Scheiben zersprangen, Häuserwände rissen. Auslöser dieser Erdstöße war ein sogenannter Bergschlag: In der Grube von Teuschenthal, einem ehemaligen Salzbergwerk, keine 20 Kilometer von Halle entfernt, waren Stützpfeiler geknickt und anschließend mehrere Schächte eingebrochen.
Auch in Zielitz, unweit der Stelle, wo heute die größte Kanalbrücke der Welt die Elbe überspannt, gibt es ein Salzbergwerk. Auch dort ist ein Bergschlag möglich. Die 900 Meter lange Trogbrücke musste erdbebensicher gebaut werden.

(Nach: www. mdr.delecht, 22.02.2010)

www.seismo.uni-koeln.de

Aufgaben

1 Beschreibe Naturgefahren, die in Deutschland auftreten bzw. auftreten können.

2 Beschreibe die Verteilung von Erdbeben in Deutschland und nenne Ursachen dafür.

Arbeitsheft

Physik

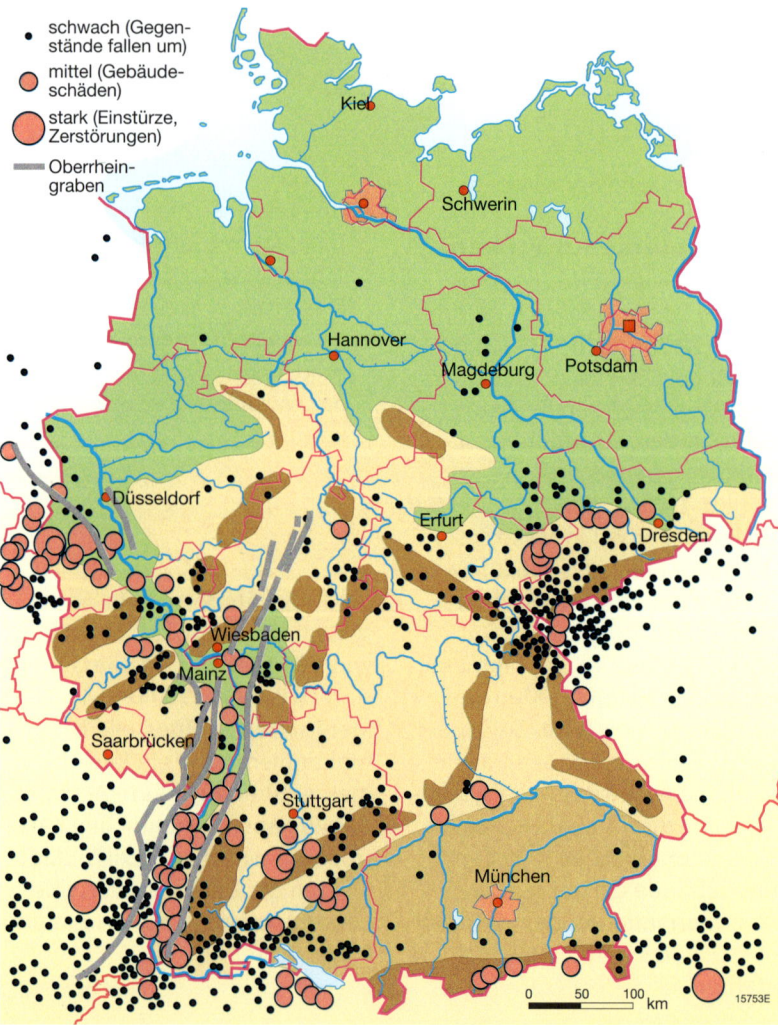

M1 Erdbeben in Deutschland vom 8. Jahrhundert bis heute

Dauner Maar

Etiketten verschiedener Mineralwässer

www.**VULKANPARK**.com
natürlich einzigartig...

M2 Vulkanische Vielfalt im
nördlichen Rheinland-Pfalz

Der Geysir
Andernach,
der höchste
Kaltwassergeysir
der Welt

Wo es brodelt und sprudelt

Alle 20 Minuten fängt das Wasser des Wallenborn bei Daun (M2) an zu „brubbeln", wie die Einheimischen sagen. Das heißt, das Wasser der eingefassten Quelle beginnt zu kochen. Dabei steigt der Wasserspiegel um mehr als einen halben Meter an und es treten schwefelige Gase aus. Dieses „Brubbeln" ist ein Zeichen dafür, dass der Vulkanismus in der Eifel nur scheinbar zur Ruhe gekommen ist. Noch vor etwa 10 000 Jahren – das ist erdgeschichtlich eine sehr kurze Zeit – brachen hier Vulkane aus.

Damals entstanden auch die Maare. Glühend heißes, gasreiches Magma stieg auf und kam mit Grundwasser in Berührung,

das sofort verdampfte. In Sekundenschnelle entstand ein ungeheuerer Druck, der sich explosionsartig entlud. Dabei entstanden Krater, die bis zu 100 Meter tief und einen Kilometer breit sind.

Vulkanische Asche bedeckte die Landschaft meterdick. Diese dient heute als Material zur Herstellung wärmedämmender Bausteine (Tuff-Bausteine). Viele der kreisrunden Explosionstrichter füllten sich nach und nach mit Regenwasser. Die Maare sind heute beliebte Ausflugsziele.

Aufgaben

3 Stelle den Nutzen dar, den die Menschen von der vulkanischen Vergangenheit der Eifel haben.

4 Sammle Etiketten von Mineralwasserflaschen. Bestimme, woher die Mineralwässer kommen (Internet, Atlas).

5 Informiere dich im Internet über Kaltwassergeysire in der Eifel.

www.geysir-andernach.de

Gesteine verwittern

Die Oberflächenformen der Erde entstehen im Zusammenspiel von erdinneren und erdäußeren Vorgängen (M3). Unter äußeren (exogenen) Kräften werden Eis, Wasser, Wind und Sonneneinstrahlung zusammengefasst. Sie führen zu einer Verwitterung von Gestein mit anschließender Abtragung.

Bei der Verwitterung wird das Gestein gelockert und dann langsam zerstört. Im Gebirge erfolgt die Verwitterung vor allem durch Frostsprengung (M1). Wenn das Gestein im Sommer durch lange Sonneneinstrahlung erwärmt wird, dehnt es sich aus. Dabei können Risse entstehen. In die Risse dringt durch Regen, Schnee oder Tauwasser ein. Sinken die Temperaturen über Nacht auf unter 0 °C, gefriert dieses Wasser. Dabei dehnt es sich aus und lockert den Fels, bis sich schließlich einzelne Gesteinsteile lösen. Die abgesprengten Gesteinsteile stürzen in den Bergen die Hänge hinunter und lagern sich am Fuß der Berge als Schutthalden ab (M2).

M1 Frostsprengung

Die Abtragung, die auch als Erosion bezeichnet wird, führt zu einer Verlagerung von Gesteinsmaterial und Boden. Meist ist daran Wasser beteiligt, aber auch der Wind oder Gletscher können Material transportieren.
Führen Bäche und Flüsse viel Wasser, ist die Kraft des Wassers so stark, dass Schutt, Schlamm und selbst größere Gesteinsbrocken mitgerissen werden (M4).

Im Hochgebirge kann es zu Schlammlawinen, so genannten Muren, kommen, wenn starke Regengüsse oder Schmelzwässer die Erde durchweicht haben. Die Erdrutsche reißen dann locker gewordenes Gestein mit in die Tiefe (M5).

M2 Schutthalde

Aufgaben

1 Nenne exogene Kräfte.
2 Erkläre, wie Sonneneinstrahlung, Temperatur und Wasser zur Verwitterung des Gesteins beitragen (Text).
3 Beschreibe Folgen der Verwitterung.

Arbeitsheft

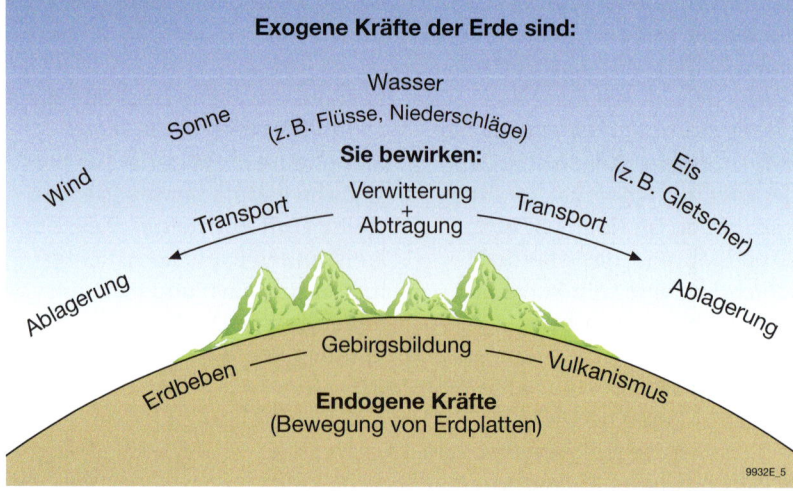

M3 Endogene und exogene Vorgänge und Kräfte

Schwere Regenfälle haben am 20.02.2010 in zahlreichen Ortschaften im Süden der Insel Madeira zu Überschwemmungen, Erdrutschen und Schlammlawinen geführt. In der Inselhauptstadt Funchal stürzten die Fluten die Berge herab und rissen Autos, Brücken und auch Gebäude mit. Umweltschützer beklagen schon lange die dichte Besiedlung in Tälern, Schluchten und an steilen Hängen.

M4 Überschwemmungsschäden auf Madeira 2010

M5 Murenabgang

M6 Flussablagerungen

FELSSTURZ AM EIGER

Grindelwald: Im Felssturzgebiet am Eiger oberhalb von Grindelwald sind knapp ein Drittel der absturzgefährdeten rund zwei Millionen Kubikmeter Felsmasse abgebrochen.

Das Gestein sei nach Aussagen des Wirts im Berggasthaus Bäregg, das auf der Talseite gegenüber liegt, kurz vor 20 Uhr zu Tal gedonnert. Vor dem Absturz hätten sich im Fels Spalten und Risse geöffnet. Die Gäste hatten sich nach draußen begeben und konnten im Freien zuschauen. Die Experten sind sich einig darüber, dass es nur noch eine Frage der Zeit ist, wann der restliche Fels abbrechen wird.

Wasser und Wind verändern die Erdoberfläche

Flüsse bilden Täler

Aufgaben

1 **Nenne die Faktoren, die für die Formung der Täler verantwortlich sind (Text).**

2 **Für Geoexperten: Erkläre, wie durch das Zusammenwirken von unterschiedlichen Faktoren die verschiedenen Talformen entstehen (M1).**

Entlang eines Flusses von der Quelle zur Mündung gibt es unterschiedliche Talformen. Sie wurden im Verlauf von Jahrtausenden durch das fließende Wasser geschaffen. Ein Fluss trägt Gesteinsmaterial ab und schneidet sich so in den Untergrund ein. Ob die Täler tief oder flach, breit oder eher eng sind, hängt von verschiedenen Faktoren ab.

Bei der Talbildung wirken Faktoren wie Gefälle, Fließgeschwindigkeit, Wassermenge und Gesteinshärte zusammen. Ihre Ausprägung entscheidet über die Stärke von Abtragung, Transport und Ablagerung von Gesteinsmaterial in den einzelnen Flussabschnitten und somit über die entstehenden Talformen.

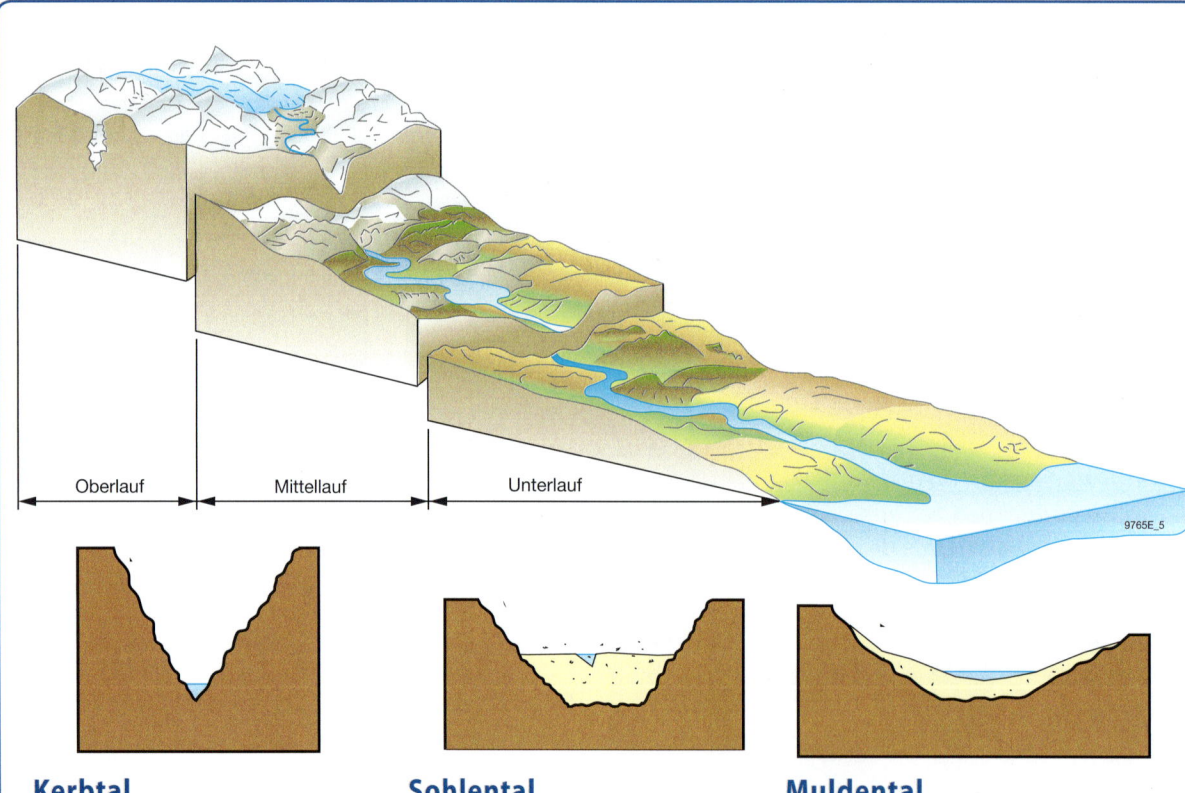

Kerbtal

- Oberlauf des Flusses
- großes Gefälle, das heißt Überwindung von großen Höhenunterschieden auf kurzer Strecke
- tiefe Täler mit steilen Talhängen
- sehr schmale Talsohle (Fluss trägt ab und transportiert)

Sohlental

- Mittellauf des Flusses
- Fließgeschwindigkeit lässt nach
- Abtragung und Transport von wenigem Gesteinsmaterial
- mäßig geneigte Talhänge mit flacher, breiter Talsohle (Fluss transportiert und lagert ab)

Muldental

- Unterlauf des Flusses
- Fließgeschwindigkeit lässt weiter nach
- Talhänge flach, mit breiter Talsohle (Fluss transportiert weniger und lagert vor allem ab)

M1 Längsprofil eines Flusses und Talformen

M2 Hochwasserschäden in Weesenstein an der Müglitz (Sachsen)

Hochwasserkatastrophe an der Elbe

Am 12.08.2002 warnt der Wetterexperte Jörg Kachelmann: „Tief Ilse bringt in den kommenden 48 Stunden lang anhaltende, unwetterartige Regenfälle."

In Zinnwald, im Erzgebirge, fallen 312 Liter Wasser/m² in 24 Stunden, normal sind 100 Liter im Monat. Kleine Nebenflüsse der Elbe entwickeln sich zu reißenden Strömen. Sie verwüsten in ihren Tälern alles, was von den meterhohen Flutwellen erreicht wird. Aus der Tschechischen Republik bewegen sich riesige Wassermassen die Elbe flussabwärts. Am 17.08.2002 erreicht der Wasserstand (Pegel) der Elbe in Dresden 9,40 Meter, normal sind 1,80 Meter.

Viele Orte werden überflutet, Häuser zerstört. Ganze Stadtviertel, Altenheime und Krankenhäuser müssen evakuiert werden. Das Eigentum vieler Menschen versinkt in den Fluten. 21 Menschen sterben; die Sachschäden belaufen sich auf etwa 22 Milliarden Euro.

M3 Pegelstände an Elbe und Mulde im August 2002

Aufgaben

3 Beschreibe anhand von M2, warum Hochwasser zur Naturkatastrophe führen kann.

4 Werte M3 aus.

Die Katastrophe zieht flussabwärts

In den folgenden Tagen wälzte sich die Flutwelle die Elbe flussabwärts. Auch in Sachsen-Anhalt und in Niedersachsen versuchten viele Menschen, die Elbdeiche mit Sandsäcken zu verstärken. Zehntausende Menschen aus allen Teilen Deutschlands kamen, um zu helfen. Häufig waren ihre Anstrengungen vergeblich. Die durchweichten Dämme und Deiche hielten dem Wasserdruck nicht stand. Die bisher schwerste Flutkatastrophe brach über die Gebiete an der Elbe herein. Weite Landstriche versanken in den Fluten.

Das Wirken exogener Kräfte

M1 Stranddüne an der Nordsee

Wind greift an und verändert

Überall dort auf der Erde, wo der Boden keine schützende Pflanzendecke hat oder nicht dauerhaft feucht ist, kann der Wind angreifen. In M2 sind die unterschiedlichen Tätigkeiten des Windes und Formen bzw. Folgen, die dabei entstehen, dargestellt (vgl. auch Seite 121).

Ausblasung von feinem Material
In der Sahara und den anderen trockenen Gebieten entstehen gewaltige Staubstürme. Bis 4 000 Meter wird das feine Material hochgewirbelt. Mit Luftströmungen kann der gelbe Staub über das Mittelmeer, die Alpen bis nach Nordeuropa gelangen.

Aber auch die Kanarischen Inseln erhalten Saharastaub. Wenn sich auf den Kanaren der Himmel gelbbraun verfärbt, dann wissen die Bewohner, dass sich eine Staubwand aus Afrika nähert, die alles einhüllt. Die Hand ist dann nicht mehr vor den Augen zu sehen, die Augen brennen und man kann kaum atmen. Der Flugverkehr muss dann eingestellt werden.
Die feinen Staubpartikel aus der Sahara können mit Luftströmungen um den ganzen Erdball treiben.

Aufgabe

1 **Beschreibe die Tätigkeit des Windes (Text, M2).**

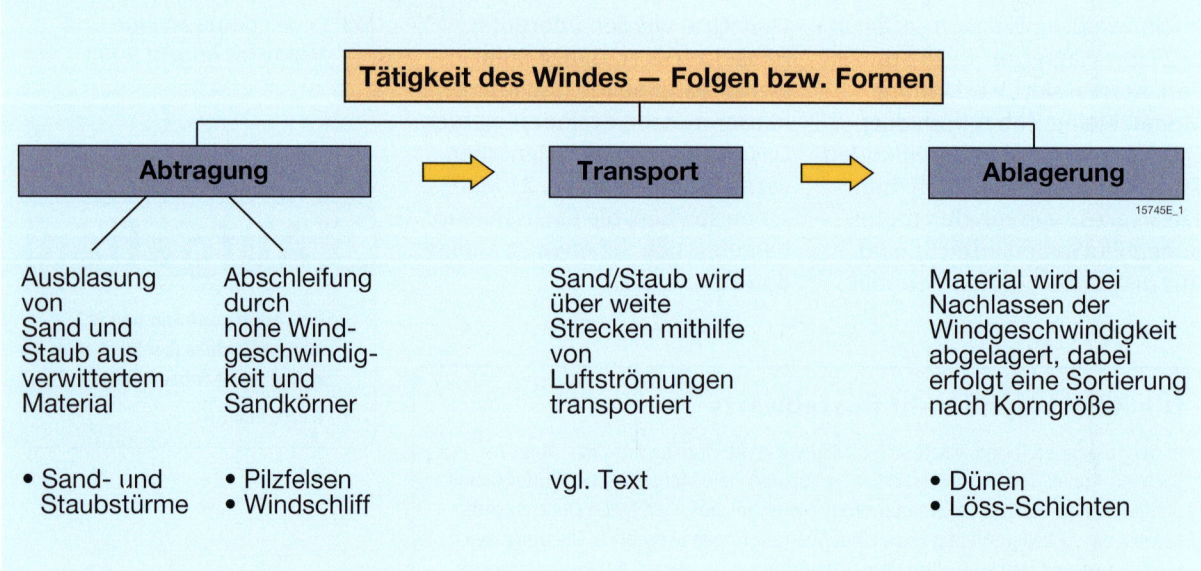

M2 Schema zur Tätigkeit des Windes

Staubsturm in Australien

22.09.2009:
Alles war in rot-orangenes Licht getaucht. Die Sonne war nur zu erahnen. Ein Staubsturm aus der Wüste bedrohte die Stadt Sydney und ihre Bewohner.
Das berühmte Opernhaus, das Wahrzeichen von Sydney, ist nur noch schemenhaft zu erkennen.

M3 Pilzfelsen, entstanden durch Winderosion

Aufgaben

2 Beschreibe Ergebnisse des Wirkens der exogenen Kraft Wind.

3 Wiederhole die Entstehung von Löss in Deutschland am Ende der Eiszeit.

4 Der Natur abgeschaut: Mithilfe von Sandstrahlgebläsen werden Rost oder Farben von Oberflächen entfernt. Erläutere.

Arbeitsheft

M4 Sanddünen bedrohen landwirtschaftliche Nutzflächen

Gesteine untersuchen, vergleichen ...

M1 Schüler bei der Vorbereitung

Aufgaben

1 Suche die Gebiete auf, in denen die auf Seite 123 aufgeführten Gesteine in Deutschland vorkommen. Beschreibe ihre Lage.

2 Suche Steine in deiner näheren Umgebung. Beschreibe sie. Orientiere dich an der Schrittfolge.

3 Vergleiche Gesteine, die auf Seite 123 vorgestellt werden. Ordne sie Gesteinsgruppen zu.

Arbeitsheft

Physik

M2 Exkursion in das Mineralogische Museum in Würzburg

So geht ihr vor

1. Sammelt auf Erkundungsgängen, Wanderfahrten oder im Urlaub Steine und notiert den Fundort.

2. Untersucht die Steine:
   - Betrachtet den jeweiligen Stein und bestimmt seine Farbe.
   - Ritzt den Stein mit einem Taschenmesser und stellt fest, wie weich oder hart er ist.
   - Schätzt das Gewicht, indem ihr verschiedene Steine gleicher Größe in die Hand nehmt.
   - Fasst eure Beobachtungen zusammen und versucht, mithilfe eines Gesteinsbestimmungsbuches, den Namen des Steins zu ermitteln.

3. Vergleicht Gesteine:
   - Wählt je einen Stein aus den verschiedenen Gesteinsgruppen aus.
   - Vergleicht sie hinsichtlich ihrer Entstehung und ihrer Verwendungsmöglichkeiten.

Gesteinsgruppen

1. **Erstarrungsgesteine oder magmatische Gesteine**
   Sie entstehen bei der Abkühlung von glutflüssigem Material im Erdinneren (zum Beispiel Granit) oder an der Erdoberfläche (zum Beispiel Basalt).

2. **Ablagerungsgesteine oder Sedimentgesteine**
   Alle Gesteine, aber auch Pflanzen- und Tierreste, die an der Erdoberfläche liegen, werden unter dem Einfluss von Sonne, Regen, Frost und Druck zerkleinert. Wasser und Wind transportieren das zerkleinerte Material und lagern es auf dem Festland oder im Meer ab. Unter hohem Druck verfestigt sich zum Beispiel Sand zu Sandstein oder Kalk zu Kalkstein.

3. **Umwandlungsgesteine oder metamorphe Gesteine**
   Unter hohem Druck und hohen Temperaturen (über 300 °C) kommt es zur Umwandlung (Metamorphose) von magmatischen und Sedimentgesteinen. So wird zum Beispiel aus Kalkstein Marmor. Auch Schiefer ist ein Umwandlungsgestein.

... und präsentieren

Granit

„Feldspat, Quarz und Glimmer – das vergess' ich nimmer." Das sind die vorwiegenden Mineralien, aus denen das grobkörnige und harte Erstarrungsgestein Granit besteht.
Nutzung: Rand- und Pflastersteine, Grabsteine, Treppen, Fassadenverkleidung
Vorkommen: Harz, Fichtelgebirge, Oberpfälzer Wald, Bayerischer Wald

Basalt

dichtes dunkelgraues bis schwarzes und sehr hartes Erstarrungsgestein. Sein Vorkommen zeugt von Vulkanismus. Als Fels ist Basalt oft säulenartig ausgebildet.
Nutzung: Schotter, Wärmeschutz, Brandschutz.
Vorkommen: Rhön, Erzgebirge, Oberpfalz

Sandstein

Sedimentgestein aus feinen oder groben Sandkörnern, das durch ein Bindemittel (zum Beispiel Ton oder Kalk) zusammengehalten wird.
Nutzung: Baustein, Steinmetzarbeiten.
Vorkommen: Spessart, Buntsandsteingebiet Thüringer Becken, Elbsandsteingebirge

Kalkstein

Sedimentgestein, das fein- bis grobkörnig ist. Häufig findet man eingeschlossene Pflanzen- und Tierreste.
Nutzung: Bodenbeläge, Fensterbänke, Fassadenverkleidungen
Vorkommen: Nördliche Kalkalpen

Marmor

körniges Umwandlungsgestein, das aus Kalkstein hervorgegangen ist. Marmor kann, abhängig von den einzelnen Beimengungen, weiß, gelb, rot, grün oder schwarz sein.
Nutzung: Fassadenverkleidungen, Bodenbeläge, Fensterbänke oder Grabsteine
Verbreitungsgebiet: Fichtelgebirge

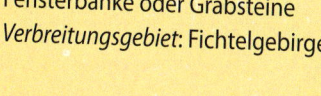

Verschiedene Gesteine ... ganz schön interessant!

Gewusst – gekonnt

1 Der Schalenbau der Erde

Schreibe den Text ab und ergänze dabei die fehlenden Begriffe.

Die Erde ist in mehrere _____ gegliedert.
Die äußere „dünne Haut" der Erde besteht aus _____
und wird _____ genannt. Nach innen schließt sich
der _____ an. Seine oberste Schicht besteht auch
aus _____ . Die Gesteinshülle der Erde besteht aus
mehreren einzelnen _____ . Diese treiben auf einer
zähflüssigen Gesteinsschmelze, dem _____ .
Der _____ ist noch weitgehend unerforscht.

155E_10

2 Für Tüftler!

a) Lege Transparentpapier
   auf das Rätsel und notiere
   darauf die Lösungswörter.
   In der rot umrandeten
   Spalte ergibt sich – von
   oben nach unten gelesen –
   ein Lösungswort.
b) Worum handelt es sich?
   Der Atlas hilft.

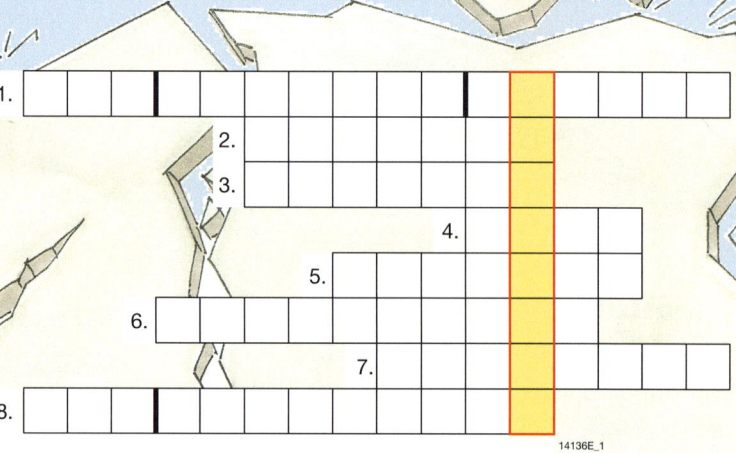

14136E_1

1. Name der Plattengrenze, die durch San Francisco und Los Angeles verläuft
2. Eine durch ein Seebeben ausgelöste Welle
3. Das um den Erdmittelpunkt herum gelegene Erdinnere
4. Heißer Gesteinsbrei, der an die Oberfläche tritt
5. Nachname des Mannes, der die Energieskala erdacht hat, mit der man die Erdbebenstärke messen kann
6. Punkt an der Erdoberfläche, der direkt über einem Erdbebenherd liegt
7. Gefährliche Erschütterung an der Erdoberfläche
8. Erdbebengefährdete Stadt in Kalifornien

3 Plattentektonik

a) Was zeigen die Abbildungen 1 und 2?
b) Erkläre beide Vorgänge.

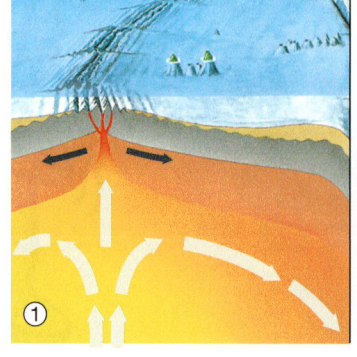
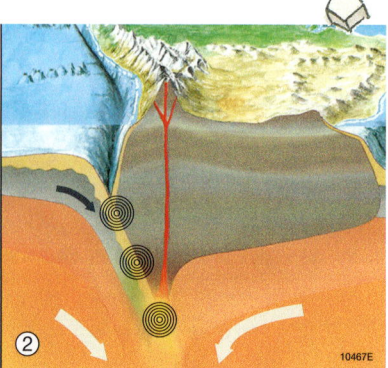

① ②

10467E

4 Exogene Kräfte verändern die Erdoberfläche.

Ordne den Fotos 1 – 4 die jeweils richtige Bildunterschrift zu:

a) Wandernde Sanddünen an der polnischen Ostseeküste
b) Das Mississippi-Delta wächst in den Golf von Mexiko.
c) Ein Fluss zerstört das Ufer.
d) Staubstürme tragen fruchtbaren Boden fort.

Begründe deine Entscheidung.

1

2

3

4

New Orleans

Das kannst du jetzt:

– den Schalenbau der Erde beschreiben,
– endogene Vorgänge an Plattenrändern und deren Folgen erläutern,
– das Wirken exogener Kräfte, vor allem Wasser und Wind, erläutern,
– Profilskizzen und thematische Karten lesen, vergleichen und auswerten,
– Auswirkungen von Naturereignissen auf das Leben der Menschen weltweit und in Deutschland aufzeigen,
– Maßnahmen zum Schutz vor Naturkatastrophen bewerten,
– Gesteine vergleichen, einordnen und präsentieren.

Du kannst dabei folgende Fachbegriffe anwenden:
Plattentektonik, endogen, exogen, Faltengebirge, Tiefseegraben, Seebeben, Tsunami, Basalt, Granit, Sandstein, Verwitterung

Minilexikon

Basalt (Seite 122)
Dunkles, oft schwarzes und sehr hartes vulkanisches Gestein, das beim Ausfluss von Lava erstarrte.

Bodenerosion (Seite 65)
Bezeichnung für die Abtragung des Bodens besonders durch Wasser und Wind. Sie führt meist zur Verminderung der Bodenfruchtbarkeit und im Extremfall zur völligen Zerstörung der Bodendecke.

Endogen (Seite 99)
Endogene Kräfte kommen aus dem Erdinneren und führen zu Veränderungen der Erdoberfläche, zu Spannungen in der Erdkruste und Lavaströmen.

Entwicklungsland (Seite 80)
Land, das im Vergleich zu einem Industrieland wenig entwickelt ist. Die Entwicklungsländer werden auch unter der Bezeichnung „Dritte Welt" zusammengefasst. Sie weisen typische Merkmale auf, zum Beispiel wenig Industrie, ein geringes Pro-Kopf-Einkommen, geringe Lebenserwartung, ein hohes Bevölkerungswachstum, viele Analphabeten.

Exogen (Seite 116)
Kräfte, die von außen auf die Erde einwirken und dadurch die Erdoberfläche gestalten, zum Beispiel Wasser, Wind oder Eis (Verwitterung, Erosion, Sedimentation).

Faltengebirge (Seite 106)
Gebirge (zum Beispiel Alpen, Anden, Himalaja), die durch Auffaltung entstanden sind, weil vor allem durch seitlichen Druck ursprünglich waagerecht liegende Gesteinsschichten aufgewölbt und verschoben wurden (Plattentektonik).

Gradnetz (Seite 12)
Darstellungen der Erde (Globus, Karte) sind mit einem Netz von Linien überzogen. Sie verlaufen von Norden nach Süden (Längenhalbkreise) und von Westen nach Osten (Breitenhalbkreise). Dieses Gradnetz dient der Ortsbestimmung auf der Erde.

Granit (Seite 122)
Magmatisches, grobkristallines Gestein, das in der Tiefe erstarrt ist. Es besteht aus Quarz, Feldspat und Glimmer. In der Bauindustrie wird Granit vielfältig verwendet.

Hackbau (Seite 59)
Bearbeitung des Bodens mit der Hacke, wobei der Boden nur gelockert und nicht gewendet wird. Hackbau findet zum Beispiel auf Flächen statt, die zuvor durch Brandrodung von ihrer Vegetation befreit wurden.

Landschaftszone (Seite 8)
Zone, in der ähnliche Bedingungen in Bezug auf Klima, Vegetation, Tierwelt und Böden herrschen.

Monokultur (Seite 73)
Anbau einer einzigen Nutzpflanze; Gegensatz zur Mischkultur. Monokulturen werden zumeist auf Plantagen kultiviert. Monokulturen sind anfällig gegenüber Schädlingen und Pflanzenkrankheiten.

Monowirtschaft (Seite 84)
Ist die Wirtschaft eines Landes allein von einem Wirtschaftszweig abhängig oder einseitig auf die Produktion eines bestimmten Gutes ausgerichtet, so spricht man von Monowirtschaft.

Oase (Seite 32)
Eine vom Menschen genutzte „Insel" in der Wüste. Durch vorhandenes Grund- oder Flusswasser ist der Anbau von Nutzpflanzen (zum Beispiel Obst, Gemüse, Getreide) möglich.

Passat (Seite 28)
Großräumige Windströmung in den Tropen, die durch das Luftdruckgefälle von den subtropischen Hochdruckgürteln zum Äquator hin entsteht. Für die Tropenzone nördlich des Äquators ist der Nordost-Passat typisch, für die tropische Zone südlich des Äquators der Südost-Passat.

Plantage (Seite 73)
Landwirtschaftlicher Großbetrieb, der vor allem in den tropischen Zone vorkommt. Hier werden in Monokultur hochwertige Produkte für den Weltmarkt (zum Beispiel Kautschuk, Kaffee, Bananen, Tee) angebaut. Plantagen besitzen Anlagen zur Aufbereitung bzw. Verarbeitung der angebauten Nutzpflanzen.

Plattentektonik (Seite 100)
Eine Theorie über den Krustenbau der Erde sowie die Entwicklung der Kontinente und Ozeane. Nach dieser Theorie besteht die Erdkruste aus verschiedenen Platten, die in langsamer Bewegung sind.

Sandstein (Seite 122)

Festes Gestein, das aus dem Lockermaterial Sand durch Druck entstanden ist. Zur Verfestigung haben Bindemittel beigetragen. Sandstein ist ein Gestein, das relativ schnell verwittert und abgetragen wird.

Savannen (Seite 56)

Tropische Grasländer zwischen der Wüste und dem tropischen Regenwald. Je nach Dauer der Regenzeit und der Niederschlagsmenge ändert sich die Vegetation. Die Savannen werden unterteilt in Dornstrauch-, Trocken- und Feuchtsavanne.

Seebeben (Seite 110)

Erschütterung der Erde (Erdbeben), deren Herd unter einem Meeresgebiet liegt.

Tiefseegraben (Seite 104)

Lang gestreckte, meist rinnenförmige Einsenkung im Meeresboden mit Tiefen bis zu 11 034 Metern (Witjas-Tief).

Tropischer Regenwald (Seite 68)

Immergrüner Wald in den Tropen (Beleuchtungszone), der durch einen deutlichen Stockwerkbau gekennzeichnet ist.

Tropische Zone (Seite 54)

Zone zwischen den Wendekreisen, gekennzeichnet durch Tageszeitenklima.

Tsunami (Seite 110)

Extrem hohe Welle von großer Energie und Zerstörungskraft an den Küsten. Der Tsunami wird in der Regel durch Vulkanismus oder Erdbeben am Meeresboden ausgelöst.

Verwitterung (Seite 116)

Zerfall von Gesteinen an der Erdoberfläche unter Einwirkung physikalischer und chemischer Kräfte (Frost, Hitze, Wasser). Die Verwitterung ist die Voraussetzung für die Abtragung und beeinflusst damit wesentlich die Formung der Erdoberfläche, außerdem lockert sie diese und ermöglicht somit die Bodenbildung.

Wendekreise (Seite 54)

Die beiden Wendekreise der Erde befinden sich auf 23,3° nördlicher und südlicher Breite. Hier steht die Sonne einmal im Jahr im Zenit, bevor sie scheinbar „wendet", um sich wieder dem Äquator zu nähern.

Wüste (Seite 29)

Eine Wüste ist ein Trockengebiet. Kennzeichen ist die fehlende oder nur sehr geringe Pflanzenbedeckung. Es fallen kaum Niederschläge (unter 100 Millimeter im Jahr). Die Wüste ist lebensfeindlich. Nach der Größe und Beschaffenheit des Bodenmaterials unterscheidet man Sandwüsten, Kieswüsten und Felswüsten.

Zeitzone (Seite 14)

Eine der 24 international festgelegten Zonen, die die Erde von Norden nach Süden umspannen. Sie umfasst etwa 15 Längengrade. In einer Zeitzone gilt dieselbe Uhrzeit. Von Zone zu Zone ist die Uhrzeit jeweils um eine Stunde verschieden.

Quellenverzeichnis

|3wimage.com, Erlinsbach: 77. |A1PIX - Your Photo Today, Ottobrunn: SGM 30. |akg-images GmbH, Berlin: 98; Mermet, Gilles 34. |alamy images, Abingdon/Oxfordshire: 1Apix 43; powderkeg stock 84. |alimdi.net, Deisenhofen: Egmont Strigl/imagebroker.net 30. |Anthony Verlag, Starnberg: 19. |Arco Images GmbH, Lünen: Brehm, H 68; Schlepphorst 70. |Arend, Jörg, Wedel: 123, 123, 123. |ASB Arbeiter-Samariter-Bund, Köln: Sae Kani 109. |Bayer AG, Leverkusen: 87. |Behnke, Yvonne, Berlin: 20 M1. |Behnsen, Frank, Frankfurt/M.: 9. |bildagentur-online GmbH, Burgkunstadt: T.Klassen 69. |Bilderberg, Hamburg: Grames 65; Jakob 59; Jerzy Modrak 47. |Binter, P.: 54. |Blickwinkel, Witten: Schmidbauer 72. |Bolesch, Sebastian, Berlin: 63. |bpk-Bildagentur, Berlin: 53. |Bundesministerium für wirtschaftliche Zusammenarbeit und Entwicklung (BMZ), Berlin: 76. |Caro Fotoagentur, Berlin: Andreas Bastian 11. |Chebil, Mehdi, Nogent-sur-Marne: 47. |City of Cape Town/www.capetown.gov.za, Cape Town: Titel o.. |Colditz, Margit, Halle: 15, 15, 15, 61, 61, 73. |Demmrich, André, Berlin: 26, 37, 39. |Deutsche Gesellschaft für Internationale Zusammenarbeit (GIZ) GmbH, Eschborn: Unkel 66. |Dieckmann, Evelyn, Halberstadt: 13 M3. |Diercke online, Braunschweig: 99, 125. |Döpke, Gisbert, Osnabrück: 125. |dreamstime.com, Brentwood: Kevin Gillot 82. |Eck, Thomas, Berlin: 14. |Eyferth, Konrad, Berlin: 30. |F1online, Frankfurt/M.: Prisma 47. |Faust- Ern, U., Düsseldorf: 27. |Fiedler, Güglingen: 19, 71, 73. |FIFA, Zürich: 90. |Focus Photo- u. Presseagentur GmbH, Hamburg: 25, 31; Manaud 31; R. Azzi/ Woodfin Camp 40. |Forest Stewardship Council (FSC) Deutschland, Freiburg: 77. |fotolia.com, New York: Titel Erde; J. Grudzinski 69; Pal-Molnar Elemer 102; SyB 8; William Wang 87. |Gaffga, Peter, Eggenstein-Leopoldshafen: 115. |Gartung, Werner /Oase Reisen, Neckargemünd: 30, 31. |GERB GmbH, Essen: 109. |Gerber, Wolfgang, Leipzig: 116. |Gernandt, Dr. Peter, Abt. Agrarpedologie, Univ. Göttingen, Göttingen: 123. |Gesellschaft für ökologische Forschung e.V., München: Baumeister 117. |Getty Images, München: Bloomberg/Kontributor 39 u.li.; Burak Kara 47; Gable 62; Galen Rowell 106; Hamilton Smith, Richard 87; IFA/Photum 4, 94; Jupiterimages 76; Michael S. Lewis Titel Kinder; Oertel 52; Peter Adams 86; Robert Nickelsberg/Time Life Pictures 25; Stringer/AFP 110; Van Sant/zefa 78. |Getty Images - Lonely Planet Images, München: Eberhard Grames 123 re.m.. |Greenpeace e.V., Hamburg: Kuesters 75; Steve Morgan 11. |Greiner, Alois, Braunschweig: Graebner 74. |Grenzebach, K., Alten-Buseck: 73. |Griese, Dietmar, Laatzen: 18, 24, 33, 36 1. |GTZ, Eschborn: 66. |Hagemeyer, Hacky, Köln: 87. |Hahn, Paul: 86. |Haitzinger, Horst, München: 79. |Hannover Marketing und Tourismus GmbH, Hannover: 60. |Helga Lade Fotoagenturen GmbH, Frankfurt/M.: 23. |Henkel, Christine, Dahmen: 55. |Huber Images, Garmisch-Partenkirchen: 26, 104; R. Schmid 60; Schmid 41. |Ibrahim, Prof. Dr. Fouad, Wunstorf: 34. |Imago, Berlin: Hohlfeld 34. |iStockphoto.com, Calgary: 10, 95, 116 m; Alex Jeffries 41; luoman 75; Marco Regalia 113 1. |Junge, Bernd, Wolfenbüttel: 121. |juniors@wildlife Bildagentur GmbH, Hamburg: Fiedler 77. |Karto-Grafik Heidolph, Dachau: 8, 32, 71, 111. |Keystone Pressedienst, Hamburg: 83. |Kirch, Peter, Koblenz: 11. |KNA - Katholische Nachrichten-Agentur, Bonn: 10, 66. |Köcher, Ulrike, Hannover: 69. |Kreuzberger, Norma, Lohmar: 120. |Kruger, C., Köln: 3, 22. |KTB, Windischeschenbach: 96. |Künzig, Andrea, Berlin: 83. |laif, Köln: 60, 62, 72; Arcticphoto/B.&C. Alexander 19; Gamma 11; Garcia 112; Ivan Lepe 108 M2; Luca Zanetti 39 u.re.; Manfrad Linke 25; Ruiz/Treal/Hoa-Qui 26; Ulutuncok) 74. |Lange, J., Braunschweig: 45. |Leditznig, Karin, Bad Endorf: 13. |Lineair Fotoarchief, Berlin: Ron Giling 65, 87. |Lookphotos, München: Johaentges, Karl 11. |mauritius images GmbH, Mittenwald: 28 M5; AGE 37; Alamy 105 M4; Balzat 88; CuboImages 28; D. Kirchner 47; de Foy 73; Glöckner 106; imagebroker 25; Mayer 57; mi. und re. Thonig 29; Özdemir 47; Photononstop 33; Rossenbach 117; Torino 10; Vidler 68. |Messinger, C., Berlin: 79, 79. |Milimo, Britta, Nairobi: 64. |Ministerium des Innern, für Sport und Infrastruktur Rheinland-Pfalz (ISIM), Mainz: 92, 93. |Müller, Knut, Halle: 57 M3, 58, 58. |NASA, Washington: 35, 42, 55, 104. |Naturbildportal, Hannover: Manfred Ruckszio 88. |OKAPIA KG - Michael Grzimek & Co., Frankfurt/M.: 68, 103 M3; Büttner/Naturbild 72; Grzimek 65. |Panos Pictures, London: 80. |Pauly, Friedrich, Erfurt: 33. |Peterhoff, Dr. Frank, Lenggries: 122. |Picture Press Bild- und Textagentur GmbH, Hamburg: Ihrt/stern 39. |Picture-Alliance GmbH, Frankfurt/M.: 40, 44; Bildagentur Huber/Johanna Huber 71; Consolidet Nasa 37; dpa 11; dpa/Astrium 18; dpa/dpaweb 110, 110; epa afp awad 25; epa Nordfoto 99; EPA/Morrison 53; epa/Yoshiko Kusano 117; Frank May 59; Globus 40, 81; Kim Ludbrook 90; KPA 29; KPA/Transglobe Agency/Hackenberg 109 M8; Michael Laughlin 108 M3; rlp-info 115; Sämmer 57; Schmid-Wiking 34; und alle anderen Quellen nennen, 114124, S. 66/67!!! bzw. „Info - enthält Bilder"!!! 50; und alle Quellen nennen s. 114124, S. 66/67!!! 4. |Picturefile David Graham, BRIGHTON, East Sussex: 10. |pixelio media GmbH, München: Michaela Weber 41. |Reus, Ferdinand, Arnhem: 62. |REUTERS, Berlin: 117 M4; REUTERS/Tim Wimbome 121 o.. |Rößner, T., Erfurt: 91. |Schmidtke, Kurt-Dietmar, Bad Malente-Gremsmühlen: 32. |Schönauer-Kornek, Sabine, Wolfenbüttel: 2, 3, 3, 4, 4, 4, 5, 7, 8, 8, 8, 8, 8, 12, 19, 21, 21, 21, 21, 21, 22, 25, 27, 41, 48, 49, 49, 51, 55, 57, 61, 63, 67, 79, 83, 87, 92, 93, 93, 95, 98, 98, 106, 111, 113, 115, 117, 119, 121, 122, 123, 124, 124, 125, 125, 125. |Seitz, Stefan, Freiburg: 112. |SEPA, Bordeaux: 125. |Shutterstock.com, New York: Mehmet Cetin 46. |Singer, Sebastian/Matthias-Grünewald-Gymnasium Würzburg, Würzburg: 122. |SIPA PRESS, Paris: 108. |Six, R., Karlsruhe: 19. |still pictures, Berlin: Mark Edwards 31 M8. |stock.adobe.com, Dublin: ilyaska 39. |StockFood, München: Harry Bischof 69. |Strohbach, Dietrich, Berlin: 91. |Studio Amos Schliack, Hamburg: 64. |Süddeutsche Zeitung - Photo, München: 41 M4. |Superbild - Your Photo Today, Ottobrunn: Jeff Jones 89. |Szymkowiak, A., Dortmund: 112. |Tekülve, Rita, Essen: 20. |TopicMedia Service, Mehring-Öd: Hollweck 58. |TransFair e.V., Köln: 89, 89. |Tropical Islands, Krausnick-Groß Wasserburg: 54 o.. |ullstein bild, Berlin: AP 84; ddp 119; Peter Arnold Inc. 125. |VII Photo Agency, Paris: Ed Kashi 36. |Visum Foto GmbH, München: Henley/Panos 3, 6; Panos Pictures 53. |vividia, Puchheim: Anthony Verlag 38. |Vulkanpark GmbH, Koblenz: 115. |Weidner, Walter, Altußheim: 52. |wikimedia. commons: 90; Holger Weinandt 115. |Wolf, Heinz-Ulrich, Steinheim/Murr: 87.

Weitere Autoren: Matthias Bahr, Matthias Baumann, Franz Bösl, Edgar Brants, André Demmrich, Werner Eckert-Schweins, Timo Frambach, Peter Gaffga, Wolfgang Gerber, Uwe Hofemeister, Wilfried Hoppe, Holger Kerkhof, Peter Kirch, Norma Kreuzberger, Wolfgang Latz, Anne-Kathrin Lindau, Friedrich Pauly, Hans-Joachim Pröchtel, Jürgen Nebel, Frank Müller, Eva Munzinger-Basch, Thomas Rößner, Dieter Sajak, Claudia Schaal, Olaf Sedelky, Christian Seeber, Veronika Selbach, Diether Stonjek, Sylvia Trauzold und Walter Weidner.